LIVELLO 4 • B1
2000 parole

C0-GCE-819

PICCOLE STORIE D'AMORE

Alessandro De Giuli • Ciro Massimo Naddeo

con illustrazioni di Ottavia Bruno

Letture Italiano Facile

redazione: Chiara Sandri
progetto grafico e copertina: Lucia Cesarone
impaginazione: Gabriel de Banos
illustrazioni: Ottavia Bruno

I racconti *La telefonata*, *Dammi la mano*, *Amore impossibile*, *Il mitomane*, *L'uomo più brutto del mondo*, *C'eravamo tanto amati*, *Angeli*, *Minitragedia in due battute* e gli esercizi sono di Ciro Massimo Naddeo. Il racconto *Lui e Laura* è di Alessandro De Giuli.

© 2015 ALMA Edizioni
Printed in Italy
ISBN 978-88-6182-387-7
prima stampa nuova edizione: marzo 2015

ALMA Edizioni
viale dei Cadorna 44
50129 Firenze
alma@almaedizioni.it
www.almaedizioni.it

audio online su www.almaedizioni.it/italiano-facile

Tutti i diritti di traduzione, di memorizzazione elettronica, di riproduzione e di adattamento totale o parziale, con qualsiasi mezzo (compresi i microfilm, le riproduzioni digitali e le copie fotostatiche), sono riservati in tutti i Paesi.

INDICE

1. La telefonata

traccia 1

Lei non parla più con me, non mi chiama, non mi vuole vedere. E io non so che fare, perché non posso vivere senza di lei. No, non posso. È la verità, non sto scherzando: da quando Marta è andata via non vivo più, la notte non dormo, penso sempre a lei, la mattina non vado a lavorare. Resto in casa tutto il giorno davanti al telefono e aspetto che lei mi chiami. Perché lei chiamerà, questo è sicuro. La conosco bene Marta: a volte sembra fredda, senza cuore, e invece ha solo paura di esprimere i suoi sentimenti. Come me. Infatti io e Marta abbiamo lo stesso carattere e forse è per questo che non andiamo d'accordo. Siamo troppo uguali. Troppo simili. E quando c'è una discussione vogliamo avere sempre ragione. Urliamo, litighiamo, ci diciamo delle cose terribili. Ma alla fine facciamo pace. "Ti voglio bene", mi dice lei con la sua aria da bambina, "io e te non ci lasceremo mai." Poi mi dà un bacio e tutto torna tranquillo.

Questa volta però è diverso. Non è stata una discussione come le altre. Questa volta è più grave.

È successo tutto due settimane fa. Ricordo bene ogni cosa. Avevo invitato dei miei amici a cena. Naturalmente doveva esserci anche lei. La mattina, quando glielo avevo detto, mi era sembrata contenta della notizia. "Ci vediamo questa sera alle otto", mi aveva assicurato, "non ti preoccupare." Poi mi aveva dato un bacio ed era uscita.

Marta lavora in un negozio di scarpe e la mattina esce sempre prima di me. Io invece insegno in una scuola vicino a casa e ho degli orari diversi. Per questo, anche se abitiamo insieme, non ci vediamo molto spesso. L'unico momento che abbiamo per stare un po' insieme è la sera. Ma quella sera Marta non è tornata a casa. Non ha neanche telefonato.

▸ note

litighiamo (inf. litigare) • discutiamo con forza, ci arrabbiamo *Io e mia sorella non andiamo d'accordo, litighiamo sempre.*

La cena è stata un disastro. I miei amici, che sono tutti insegnanti come me, avevano voglia di parlare, di discutere di letteratura e di politica, ma io ero di cattivo umore e ho pensato tutto il tempo a Marta: perché non era venuta, che cosa le era successo... Quando sono andati via ho aspettato Marta in piedi per tutta la notte; ho fumato molte sigarette, ho anche bevuto un'intera bottiglia di vino.
Finalmente alle cinque di mattina Marta ha aperto la porta di casa. Aveva un'aria felice, contenta. Era sorpresa di trovarmi ancora in piedi.

– Cosa fai qui? – mi ha chiesto con quella sua voce da bambina.
– Hai visto che ore sono? – ho detto io cercando di non perdere il controllo. – È tutta la notte che ti aspetto. Dove sei stata, che cosa è successo?
– Non è successo niente. Ho solo fatto un po' tardi, tutto qui.
– Dovevi tornare ieri sera alle otto. Avevo invitato a cena i miei amici. Lo sapevi...
– Hai ragione, scusami... L'ho dimenticato.
– Potevi telefonare.
– Sì, potevo telefonare. Ora però sono stanca, non ho voglia di discutere. Ne parliamo domani, va bene?
– No, ne parliamo adesso! – ho urlato. – Sei stata con lui, vero?

Lui si chiama Gatto. Ha vent'anni, come Marta. Passa tutto il giorno al bar o in giro sulla sua moto. Nel quartiere è un piccolo boss e per questo ha già avuto qualche problema con la polizia. Un paio di mesi fa ha visto Marta camminare per la strada. Le ha dato un passaggio in moto, poi le ha offerto da bere. Lei non ha detto di no. Da quel momento lui l'ha aspettata tutte le sere all'uscita del negozio di scarpe, l'ha invitata al cinema, in discoteca. Piano piano me l'ha portata via. Io non ho

note ◂

disastro • catastrofe, cosa che non è riuscita bene, disgrazia *Il mio esame è stato un disastro, non sono riuscito a rispondere a nessuna domanda.*
ero di cattivo umore • ero nervoso *Ieri non ho voluto vedere nessuno perché ero di cattivo umore.*

potuto fare niente, Marta mi ha sempre nascosto tutto. Quando ho cominciato a capire, era ormai troppo tardi.

– Lo so che sei stata con lui, – le ho ripetuto, – mi hai mentito per tutto questo tempo. Sei una bugiarda.
– Non è come pensi, – mi ha detto lei, – domani ti spiego tutto. Adesso lasciami andare a letto, ti prego.
– È troppo facile, – ho continuato, – ti ho aspettato tutta la notte, non puoi fare così!
– Domani...
– No, adesso! Ho il diritto di sapere...
– Sapere cosa?
– Dove sei stata, con chi...
– E va bene: sono stata con lui.
– Allora è vero...
– Sì, è vero. Ti ho mentito, mi dispiace. Non sapevo come dirtelo: io lo amo.
– Perché mi hai fatto questo? Perché?
– Con lui sono felice. Mi vuole bene.
– Anch'io ti voglio bene, ti ho sempre dato tutto. Non stai bene con me?
– Non è la stessa cosa. Io sono giovane, ho voglia di vivere... La sera ho bisogno di uscire, di divertirmi, di andare a ballare. Queste cose con te non posso farle, tu mi obblighi a vedere i tuoi amici intellettuali, i tuoi colleghi professori che hanno tutti cinquant'anni, come te. Mi obblighi ad ascoltare i vostri noiosissimi discorsi di politica, di filosofia... Per me siete vecchi! Vecchi! Non lo capisci? Con Gatto invece è diverso, lui mi dà tutto quello che ho sempre cercato, con lui rido, scherzo, sono felice.

▸ note

ha nascosto (inf. nascondere) • non ha mostrato, ha tenuto segreto *Non so niente di questa storia, perché lui mi ha sempre nascosto la verità.*
hai mentito (inf. mentire) • non hai detto la verità; hai detto una bugia, una cosa falsa *Non è vero che ieri sera tu sei rimasto a casa, mi hai mentito.*
obblighi (inf. obbligare) • costringi, ordini, comandi *Io voglio essere libero, ma tu mi obblighi a fare sempre quello che vuoi tu.*

– È un poco di buono, uno che nella vita non farà mai niente.
– Non mi interessa, lui mi capisce, è un tipo semplice, non un intellettuale di merda...

Non l'ho lasciata finire. L'ho colpita con tutta la forza con uno schiaffo sulla faccia. Lei è caduta per terra.

– Forse non sono più giovane – ho detto – ma sono ancora forte e posso farti male. Non ti permetto di parlarmi così.

Ho capito subito di aver fatto un grosso sbaglio. Marta si è alzata senza dire niente. Ha preso una borsa e ci ha messo dentro i suoi vestiti, le scarpe e i libri.

– Cosa fai? – le ho chiesto.
– Me ne vado.
– Ma dove vai, resta qui... – ho detto.
– No, con te non posso più stare. Non ti voglio più vedere. Ti chiedo solo una cosa: non venire a cercarmi.

Sono due settimane che Marta è andata via. Da allora non ho più nessuna notizia. Lei non ha telefonato, non ha scritto. L'ho cercata al negozio di scarpe, ma mi hanno detto che non lavora più là. Allora ho provato al bar del quartiere, ho chiesto di Gatto: nessuno ha saputo dirmi niente.
Io aspetto. Passo il mio tempo vicino al telefono. "Prima o poi chiamerà", mi dico. Ma il telefono sembra morto, da molti giorni non suona più.
La vita è strana: io ho sempre pensato di poter vivere senza il telefono; quando c'era Marta mi arrabbiavo perché le sue amiche chiamavano a ogni ora del giorno e della notte; lei riceveva molte telefonate e tutto

note

poco di buono • persona cattiva, disonesta *Quell'uomo è un poco di buono, è stato molte volte in prigione.*
schiaffo • colpo con la mano *Il bambino piange perché il papà gli ha dato uno schiaffo.*

questo mi disturbava. Odiavo il telefono. Adesso invece sono qui che aspetto di sentirlo suonare. La mia vita, la mia felicità dipendono da una telefonata.
All'improvviso sento una grande stanchezza. Da molte notti non dormo più e ora ho tanta voglia di un po' di riposo. Ho chiuso gli occhi, forse sto già dormendo. Faccio un sogno bellissimo: sono un uccello, volo alto nel cielo, attraverso città e montagne, deserti di sabbia e mari azzurri. Poi vedo un'isola meravigliosa, con alberi verdi e frutti dolcissimi. Al centro dell'isola c'è una piccola casa bianca. Mi avvicino, la finestra è aperta. Dentro c'è qualcuno che canta. È una voce giovane, di donna. La canzone parla di me, sento pronunciare il mio nome. Io mi avvicino ancora...
Ma a questo punto succede qualcosa: la voce non canta più, nel silenzio si sente solo un suono forte, regolare...
Apro gli occhi. Il sogno è finito, però quel suono continua ancora, sempre più forte... Ora capisco: è il telefono! Sta suonando da molto tempo, se non rispondo subito perderò questa possibilità.

– Pronto Marta, sei tu? – dico, con il cuore che batte forte.
– Sì, sono io. Perché non rispondevi?
– Stavo... Stavo dormendo. Che ore sono?
– Le nove e mezza. Volevo dirti che sto venendo a casa.
– Davvero? Torni da me?
– Sì. Con Gatto è finita. Avevi ragione tu: è un poco di buono. Ma... cosa fai: piangi?
– No, no, va tutto bene... mi sei mancata tanto, piccola mia.
– Anche tu mi sei mancata, mamma. Ti voglio bene.

Mezz'ora dopo mia figlia è tornata a casa. Ci siamo abbracciate a lungo, in silenzio. Marta è la mia vita, la amo più di ogni altra cosa. E adesso che lei è tornata io sono la mamma più felice del mondo.

FINE

fai gli ESERCIZI
vai a pagina 42

▸ note

odiavo (inf. odiare) • non mi piaceva; "odiare" è il contrario di "amare" *Quando ero piccolo, odiavo andare a scuola.*
sabbia • la caratteristica "terra" del deserto o delle spiagge *Il deserto del Sahara è un'infinita distesa di sabbia.*

2. Dammi la mano

traccia 2

Io non ti conosco, non so niente di te: non so chi sei, cosa fai, come ti chiami. Vorrei parlarti e dirti come sei bella, ma quando ti guardo tu abbassi gli occhi e giri la testa dall'altra parte.
Lo so, è giusto così, anche tu non mi conosci. Non sai niente di me. Prima di oggi non mi hai mai visto. E forse tra poco, quando tu scenderai da questo vagone della metropolitana, non ci incontreremo più.
Però, come sei bella... E come sono belli i tuoi occhi, così neri e profondi. Poco fa, quando sei salita, ti sei seduta di fronte a me. Hai osservato la gente intorno a noi, tutte queste persone sconosciute riunite insieme sullo stesso vagone, uomini e donne così diversi, ognuno con la propria vita e i propri pensieri. Poi hai guardato anche me, e mi è sembrato che per un momento, solo per un momento, tu mi hai sorriso. E allora io ho pensato che il tuo sorriso voleva dire: "Eccomi qui amore mio, sono arrivata, io sono come te, sono quello che tu stai cercando..."
Ma certamente mi sono sbagliato; infatti, come ho detto, tu non sai niente di me. Non conosci neanche il suono della mia voce. Non sai che lavoro faccio, come vivo, da dove vengo.
Io vorrei parlarti, ma cosa posso dirti? "Mi scusi signorina, Lei prima mi ha sorriso, non è vero? Dove sta andando? Esce con me questa sera?"

note

abbassi (inf. abbassare) • metti giù, giri verso il basso *Se abbassi la testa, non posso guardarti negli occhi.*

vagone 

propria (proprio, propria, propri, proprie) • sua *Ogni uomo ama la propria madre.*

No, è ridicolo. Noi due non ci siamo mai visti. Non abbiamo nessun motivo per parlarci.
Ora guardi l'orologio con aria nervosa. Sono già le sette e mezza, forse hai un appuntamento e sei in ritardo. Qualcuno, un'amica o il tuo fidanzato, ti sta aspettando. Io non ho nessuno che mi aspetta. Sono solo, in questa città non conosco nessuno. Sono entrato nella metropolitana perché fuori stava piovendo. Poi ho preso il primo treno che passava, senza guardare la direzione. Non devo andare da nessuna parte, non ho niente da fare. Forse è per questo che adesso, quando tu ti alzi per scendere, decido di seguirti.

Saliamo le scale e usciamo sulla strada. L'aria è fresca, ma adesso non piove più. I negozi stanno chiudendo. Con passo veloce tu attraversi la strada. Io ti seguo a pochi metri di distanza.
Come mi piaci! Da quando ti ho incontrato il mio cuore batte forte, la mia vita non è più la stessa. È strano, io non ti ho mai visto prima, ma mi sembra di conoscerti da sempre.
Ora entri in un bar. Io mi fermo, non so cosa fare. Mi sento un po' stupido, è la prima volta che seguo qualcuno. Cosa spero di fare? So già che non avrò il coraggio di parlarti. Per un momento penso di andare via, ma il desiderio di stare ancora con te e di scoprire qualcosa della tua vita è troppo forte: voglio capire chi sei, cosa fai, perché sei venuta qui.
Quando entro il cameriere mi chiede se voglio bere qualcosa. La sua voce non è gentile, ha capito che non ho molti soldi. Questo è uno dei migliori bar della città. Per alcuni secondi resto in piedi senza dire niente. Ti cerco con gli occhi tra la gente. Finalmente ti vedo, sei seduta in fondo alla sala, insieme a un uomo dai capelli scuri. Chi è quest'uomo? Cosa c'è tra voi due?
Decido di sedermi a un tavolo e di spendere i miei ultimi soldi per un caffè. Da lontano ti osservo mentre parli con quell'uomo. Lui ha messo una mano sul tuo braccio, ti sorride. È il tuo fidanzato? No, non posso

▸ note

ridicolo • poco serio, stupido, assurdo *Marco è ridicolo: ha cinquant'anni e gioca ancora come un bambino.*
coraggio • il contrario di "paura" *Paolo ha molto coraggio, non ha paura di niente.*

crederlo. Lui non è bello, non è giovane, il suo viso non è interessante. Tu invece sei così bella...
Poi lo guardo meglio e capisco: non è bello ma è ricco. Il suo vestito è molto elegante; la sua cravatta, il suo orologio, le sue scarpe, ogni cosa in lui parla della sua ricchezza. Ogni tanto il suo cellulare suona: allora lo vedo rispondere, muovere le mani nell'aria, lo sento gridare e parlare di soldi, di affari importanti. Che spettacolo volgare! Come puoi amare un uomo come questo? Tu che sei così diversa, così speciale... Ma forse mi sono sbagliato, tu non sei diversa, tu sei come tutti: ami i soldi, la ricchezza, il potere. Per questo non ti innamorerai mai di uno come me, perché io non ho soldi, non ho vestiti eleganti, non ho un lavoro... E quando avrò pagato questo caffè non mi resterà più niente in tasca.
Basta, non voglio più restare qui, voglio andare via. Mi alzo. Dalla tasca prendo i soldi per pagare il conto. Ma cos'è questo biglietto? È un numero di telefono. Adesso ricordo: oggi sul giornale ho letto l'annuncio di una società che sta cercando giovani operai. Siccome nel bar c'è un telefono, decido di chiamare. Parlo con il direttore: mi dice che forse c'è una possibilità di lavoro e che è interessato a incontrarmi. Alla fine mi dà un appuntamento per il giorno dopo. Sono contento, sento che finalmente qualcosa di buono sta per succedere. Prima di uscire guardo di nuovo verso il tuo tavolo. Non c'è più nessuno. Mentre telefonavo, tu e il tuo fidanzato siete andati via.
"Non ti vedrò mai più." mi dico. E un po' triste per questo ma felice per l'appuntamento di domani, esco dal bar.

Fuori ha ricominciato a piovere. Ormai per le strade non c'è più molta gente. Io cammino senza sapere dove andare. Non conosco nessuno in questa città, così grande, così fredda, così diversa dalla mia.
Dietro di me qualcuno sta gridando. È un uomo dentro una macchina. Una donna sta scendendo, l'uomo è molto arrabbiato con lei. Ma quella

note

cravatta

volgare • di cattivo gusto, senza eleganza *Ugo è una persona molto volgare: mangia con le mani e dice parolacce.*

annuncio • avviso, informazione, notizia *Ho trovato lavoro con un annuncio sul giornale.*

donna sei tu! E quell'uomo nella macchina è il tuo fidanzato! Dev'essere successo qualcosa, perché ora lui va via e ti lascia da sola, sotto la pioggia.
Per alcuni minuti tu resti là, in mezzo alla strada, con i capelli e i vestiti bagnati. Ma che aspetti? Perché non ti muovi? Allora mi avvicino e finalmente capisco: tu stai piangendo! È un pianto triste, disperato, come non ho mai visto prima. Io vorrei aiutarti, però adesso tu attraversi la strada e ti allontani.
Non posso lasciarti così, devo capire cosa è successo. Forse stai male, hai bisogno di aiuto.
Per venti minuti cammino dietro di te, sotto la pioggia. Per la strada a quest'ora passano poche macchine. Arriviamo al fiume che divide in due la città. Attraversiamo un ponte. "Stai tornando a casa," penso, "così potrò vedere dove abiti."
A metà del ponte ti fermi. Guardi il fiume sotto di te. L'acqua stanotte ha lo stesso colore del cielo senza luna. Ma cosa fai? No, non è possibile! Stai salendo sul parapetto, vuoi saltare giù!

– Fermati! – grido, mentre corro verso di te.

Tu ti giri, mi guardi senza dire niente. Sul tuo viso ancora quel pianto triste, disperato.

– Dammi la mano. – ti dico.

Sono di fronte a te, ma non posso avvicinarmi di più. Ho paura: tu sei in piedi sul parapetto, un altro piccolo movimento e puoi cadere giù.

– Ti prego, dammi la mano. – ripeto.

Per un lungo momento restiamo tutti e due in silenzio, uno di fronte all'altro. Poi finalmente la tua mano si muove verso la mia, io la prendo, ti aiuto a scendere.
Adesso hai freddo, i tuoi vestiti sono bagnati. Mi levo la giacca e la metto sulle tue spalle. Sul tuo viso appare un timido sorriso. Come sei

▸ note

parapetto • muro di protezione, guard rail *Le strade di montagna hanno sempre un parapetto.*
appare (inf. apparire) • si vede, è visibile *Dopo la pioggia, appare il sole.*

bella! Ora che siamo vicini posso vederti bene: i tuoi occhi, la tua bocca, l'espressione del tuo viso, tutto in te è dolce, gentile, elegante.

– Ma perché volevi morire? – ti chiedo. – Che cosa ti è successo?
– Non ce la faccio più: non ho un lavoro, non conosco nessuno. Sono sola come un cane.
– Ma allora quell'uomo non è il tuo fidanzato?
– Quale uomo?
– Quello che era con te, al bar...
– No, l'ho visto oggi per la prima volta.

Mi racconti che hai risposto a un suo annuncio sul giornale: lui cercava una donna di servizio; ti ha dato appuntamento nel bar, ma quando hai capito che cosa voleva veramente da te, sei scappata.
Mi ringrazi. Sei qui da due mesi e io sono la prima persona che ti ha aiutato. Anche se è tardi, parliamo a lungo. Non siamo stanchi, abbiamo tante cose da dirci. Alla fine ci fermiamo a guardare un'ultima volta il fiume. Intorno a noi non c'è nessuno. Tutta la città sta dormendo.

– Andiamo? – ti chiedo.
– Aspetta, io non so neanche come ti chiami. Dimmi il tuo nome.
– È vero, non ci siamo ancora presentati: mi chiamo Salif, vengo dal Senegal. E tu?
– Io sono nigeriana. Il mio nome è Miriam.
– Miriam, – ripeto, – che bel nome...

E mentre mi dai la mano, penso a come è bello averti incontrato.

Ora non piove più. La notte è calma, nel cielo appaiono le prime stelle. Stiamo camminando insieme, la tua mano nella mia. Non so dove stiamo andando. La notte è ancora lunga, la luce del giorno è lontana. Ma qualcosa nelle nostre vite è cambiato: adesso tu ed io non siamo più soli.

FINE

fai gli ESERCIZI
vai a pagina 45

note

donna di servizio • donna che si occupa della casa *La mia donna di servizio pulisce la casa e fa da mangiare.*

3. Amore impossibile

traccia 3

Lei viene da me tutti i giorni. Mi racconta come vive, cosa fa, come si sente. Mi parla dei suoi pensieri più segreti. Senza paura mi apre il suo cuore. Lei mi dice tutto di sé e la sua vita per me è un libro aperto.
Io le voglio molto bene, ma questo a lei non basta.

– Io ti amo, ti voglio sposare. – mi dice.

E siccome io le rispondo di no, lei comincia a piangere.

– Cos'ho che non va? Non ti piaccio? – mi chiede.
– No, non è questo. – dico io – Tu mi piaci molto, sei bellissima.

Ed è vero. Lei è bella come il sole. Ha un corpo giovane e un viso dolcissimo. I suoi occhi hanno il colore del mare. I suoi capelli sono lunghi e biondi. E tutti gli uomini, quando lei passa, si girano a guardarla.
Anche il suo carattere è perfetto: è simpatica, gentile e intelligente. Il suo cuore è buono come quello di un bambino. E ogni giorno qualche uomo si innamora di lei e le chiede di diventare sua moglie.
Lei però ama solo me.

– Io vivo per te. – mi dice – Il mio amore è senza fine.

Perciò mi scrive lunghe lettere. Mi fa regali. Mi prepara dolci buonissimi e mi canta canzoni d'amore con la sua voce sensuale.
Io la ringrazio, cerco di essere gentile. Quando sono libero dal mio lavoro passo un po' di tempo con lei. Ma lei non è mai contenta, perché da me vuole amore e non amicizia.

– Perché non vuoi stare con me? – mi domanda – Perché?
– Perché non posso. – rispondo io.
– Forse sei innamorato di un'altra donna?
– No, sai benissimo che non ho nessuno.

Infatti è così. Io non sono sposato. Nella mia vita non ci sono altre donne. E a nessuna voglio bene come a lei.

– Se non ami un'altra, – continua lei – perché non vuoi stare con me?
– Te l'ho già detto. – rispondo io – Per favore, non me lo chiedere più. Tra me e te l'amore è impossibile.

Allora lei va via e per qualche giorno non la vedo più. Non mi telefona, non mi aspetta davanti casa, non mi cerca più come fa di solito. Poi però alla fine ritorna sempre, più innamorata di prima.

– Anche se tu non mi ami, io ti amerò per sempre. – dice lei – Non posso vivere senza di te.

E così tutto ritorna uguale: lei ricomincia a vedermi, a parlarmi della sua vita, a raccontarmi tutto quello che fa e che pensa.

– Io non ho fretta. – mi dice – Posso aspettare. Sono sicura che un giorno anche tu mi amerai.

Ora lei non c'è più. È andata via per sempre, lontano da me. Un giorno è partita e non è più ritornata. Questo è successo molti anni fa. Trentacinque, forse quaranta. Non ricordo bene. È passato tanto tempo... Ricordo l'ultima volta che l'ho vista. Era una domenica d'inverno. Faceva freddo, molto freddo. Le case e gli alberi del paese erano coperti di neve. L'aria profumava di campagna. Dopo il lavoro (di solito la domenica mattina lavoro sempre) ho salutato tutti e sono tornato a casa. Lei come sempre mi aspettava lungo la strada. Eravamo a piedi, a quel tempo c'erano ancora poche macchine. Mentre camminavamo, parlavamo del

note

fretta • necessità di fare presto, velocemente; il contrario di "calma" *Scusa, ho molta fretta! Non mi posso fermare a parlare con te.*

neve

freddo di quell'anno, della neve che era caduta. Lei rideva, felice di stare con me. Aveva il viso rosso per il freddo, gli occhi grandi e azzurri, ed era ancora più bella, come non l'avevo mai vista prima.

– Amore mio – mi ha detto – tu non devi avere paura di me. Io e te ci amiamo, lo sai bene anche tu.

Poi, senza dire nient'altro, si è avvicinata e mi ha baciato.
Ecco, io non so perché ho fatto quello che ho fatto. Non so perché sono stato così cattivo, così senza cuore. Perché? Lei voleva solo un bacio, un semplice bacio. Ma io, che fino a quel momento ero stato sempre gentile con lei, ho cominciato a gridare, a trattarla male. Dio mio, che cose terribili le ho detto!
Da quel giorno non l'ho più vista. Lei non mi ha più cercato e io per molto tempo non ho avuto sue notizie. Più tardi ho saputo che aveva cambiato città. Era andata lontano, molto lontano, decisa a iniziare una nuova vita. Poi, dopo molti anni, ho ricevuto una sua lettera. Mi diceva che si era sposata e che aveva avuto due figli, un maschio e una femmina; al figlio maschio aveva dato il mio nome.
Adesso io sono vecchio, non mi resta più molto da vivere. I miei capelli sono diventati bianchi, i miei occhi stanchi... Per tutti questi anni, ogni giorno ho pensato a lei, ai suoi grandi occhi azzurri, al suo sorriso. Non l'ho mai dimenticata. E spesso, in tutto questo tempo, mi sono chiesto se ho fatto bene. Lei mi amava, mi amava tanto, era la donna che ogni uomo sogna di avere vicino. E anch'io l'amavo, l'ho sempre amata, adesso posso dirlo. Ma cosa dovevo fare? Sposarla? Perdere il mio lavoro? Rivoluzionare la mia vita? No, il nostro era un amore impossibile. Sì, proprio così: impossibile. E tutto è andato come doveva andare. Non c'era altra soluzione. Forse, un giorno, anche i preti cattolici potranno sposarsi.

FINE

fai gli ESERCIZI
vai a pagina 48

▸ note

trattarla male • essere poco gentile con lei, comportarmi nervosamente con lei *Io non volevo trattarla male, ma lei non mi ha detto la verità e così mi sono arrabbiato*

preti

4. Il mitomane*

traccia 4

Sei un povero pazzo. Un deficiente. "Mitomane", hanno detto gli psichiatri. E quando passi per le strade del paese tutti ridono di te.

– Povero Peppino, non è più lui. – dice la gente.

Infatti è vero, da molto tempo non sei più lo stesso. Prima eri un uomo normale, come tutti. Avevi un lavoro, degli amici e anche una bella moglie. Lei ti amava, tu l'amavi, tutto perfetto. Cosa chiedere di più? Ma poi qualcosa è cambiato.

note

mitomane • persona malata che racconta cose non vere *Un mitomane è qualcuno che immagina di aver fatto cose straordinarie perché ha bisogno di sentirsi importante.*
deficiente • idiota, stupido, poco intelligente *Sei un deficiente! Ti ho detto mille volte come devi fare questo lavoro, ma tu non hai ancora capito.*

Hai cominciato con quella storia del farmacista. Una sera un uomo con una pistola è entrato nella farmacia del paese. Ha ucciso il farmacista. La mattina dopo tu sei andato dalla polizia e hai detto che sei stato tu. Non hai saputo spiegare perché l'hai fatto.

– L'ho ucciso io. – hai ripetuto – Arrestatemi.

Ti hanno messo in prigione. I giornali hanno pubblicato la tua foto in prima pagina. In paese la gente non riusciva a crederci.

– Non è possibile. – dicevano – Una così brava persona...

Infatti non era possibile. Non eri tu l'assassino. Ad uccidere il farmacista era stato un ragazzo che aveva lavorato per alcuni mesi nella farmacia. Nella sua casa la polizia ha trovato la pistola. Tu eri innocente.
Sei tornato da tua moglie, la tua bellissima moglie che ami tanto. Hai ripreso a lavorare. La tua vita è tornata normale. Poi, un giorno, hai letto una notizia sul giornale: in una villa poco fuori dal paese, era morta una donna anziana. Qualcuno l'aveva uccisa, forse un ladro che era entrato nella villa per rubare.
Hai cercato tua moglie. Volevi parlarle di quella donna. Tu e lei la conoscevate. Ma tua moglie non c'era; spesso, sempre più spesso, lei non era lì quando tu ne avevi bisogno. Allora sei uscito di casa e hai camminato fino al commissariato di polizia. Hai chiesto di parlare con il commissario.

– Quella donna nella villa, – hai detto – l'ho uccisa io.

Il commissario si è messo a ridere:

– Non c'è nessun assassino, caro Peppino. Quella donna si è suicidata. Ha lasciato una lettera che spiega tutto. Adesso basta con gli scherzi, per favore. Ci siamo stancati.

Sono arrivati dei medici. Ti hanno portato in ospedale. Hai dovuto fare

▸ **note**

pistola 

prigione 

si è suicidata (inf. suicidarsi) • ha ucciso se stessa *Quella donna si è suicidata perché era molto infelice.*

molti esami, rispondere a mille domande. Poi ti hanno dato delle medicine. Tu hai dormito tanto, come non avevi mai fatto prima. Hai passato molti giorni in ospedale. Alla fine i medici erano molto contenti di te:

– Adesso va meglio, non è vero Peppino? – ti ha detto il più anziano di loro.
– Molto meglio, dottore. Grazie.

Finalmente ti hanno lasciato andare. Sei tornato di nuovo da tua moglie, la tua amata moglie. Hai ripreso la vita di sempre. Ma dopo un mese, un altro uomo è morto nel paese. Aldo, così si chiamava quell'uomo, faceva il fioraio. Qualcuno l'ha ucciso con un coltello nel cuore. Per la terza volta tu sei andato dalla polizia, hai detto che l'hai ucciso tu. Ma questa volta il commissario neanche ti ha ascoltato.

– Portate via quel pazzo mitomane! – ha gridato.

Adesso tu ridi. Pensi ad Aldo, il fioraio che ogni tanto vedeva tua moglie. Tu l'amavi tanto tua moglie, ma lei qualche volta faceva un po' la stupida. Soprattutto con quel fioraio. Tu lo sapevi, ed eri geloso, molto geloso. Poi hai avuto un'idea. Per questo adesso tu ridi. Il tuo piano è perfettamente riuscito. Nessuno ha capito che, questa volta, l'assassino sei davvero tu.

FINE

fai gli ESERCIZI
vai a pagina 50

note

piano • progetto, programma *Quando ho un lavoro importante, faccio sempre un piano per organizzare bene ogni cosa.*

5. Lui e Laura

traccia 5

Lui abita in una bella città.
Ogni mattina si alza, si lava, prende un caffè ed esce per andare a lavorare.
Mentre va al lavoro, Lui incontra molte persone che lo salutano:

– Buongiorno Lui, come va?

Lui sorride, risponde, e continua a camminare. A volte si ferma cinque minuti a parlare con qualcuno.
La sera, quando Lui torna a casa, si prepara qualcosa da mangiare e poi si riposa: legge un libro, guarda la televisione o esce con gli amici.
Lui sogna molto. I sogni di Lui sono molto belli e per questo Lui è sempre molto contento di andare a dormire:

– Chissà cosa sognerò stanotte? – pensa ogni sera prima di addormentarsi.

I sogni di Lui sono molto particolari: Lui sogna solo donne.
A volte le donne del suo sogno sono fresche e leggere come il vento, a volte grosse ed alte come montagne. Altre sono solo delle bambine e altre ancora sono bellissime, calde e sensuali. Oppure possono essere magre e misteriose come delle maghe, sorridenti e fantasiose come personaggi del circo.

Da qualche tempo, Lui sogna spesso una donna. Si chiama Laura ma Lui, quando pensa a lei, la chiama l'aura.
Laura ha degli occhi profondi e intelligenti, un viso dolce e fresco, un corpo elegante e piacevole.
Laura, nei sogni di Lui, ride molto, gioca, discute ed è sempre molto simpatica.

▶ note

maghe • donne che hanno poteri straordinari *Le maghe volano sulle scope.*
aura • vento leggero, energia che è intorno ai corpi *Marco è una persona molto interessante, ha una bella aura.*

Dopo aver sognato Laura, Lui si sveglia felice. La gente che lo incontra per strada lo saluta e gli dice:

– Ti trovo bene stamattina, Lui. Cosa è successo? Ti sei innamorato?

Forse Lui è veramente innamorato di Laura.

Un giorno, in autunno, quando in città soffia un vento pulito, il cielo è azzurro azzurro e le foglie sugli alberi prendono mille colori, Lui incontra Roberto per strada. Roberto è un suo vecchio amico. Insieme a Roberto, mano nella mano, c'è una ragazza.

– Ciao Roberto, come stai? – domanda Lui. Ma i suoi occhi entrano dritti negli occhi di lei.
– Ciao. – dice lei – Mi chiamo Laura.
– Lo so, – risponde – io sono Lui.

Gli occhi di Lui non riescono a staccarsi dagli occhi di lei e gli occhi di Laura restano incollati agli occhi di Lui. Poi le loro mani si avvicinano e Lui e Laura sentono il calore della pelle dell'altro.
Roberto cerca di dire qualcosa ma Lui e Laura sentono solo il rumore del vento fresco che porta le foglie colorate nel cielo azzurro azzurro dell'autunno.
Roberto se ne va. Lui e Laura restano lì, vicini vicini, con le bocche unite e le mani incrociate.

Adesso è passato molto tempo. Roberto non si è più visto in città. Lui è sempre lì, perso negli occhi di Laura.

– È il bacio più lungo del mondo. – dice la gente quando passa.
– Però, come si amano! – dice qualcun altro.
– E chissà quando torna Roberto? – si chiede la gente.
– Forse quando l'amore finisce. – risponde un bambino.
– Ma questo – dice un vecchietto – non è quel tipo di amore che alla fine finisce.

FINE

fai gli ESERCIZI
vai a pagina 52

note

soffia

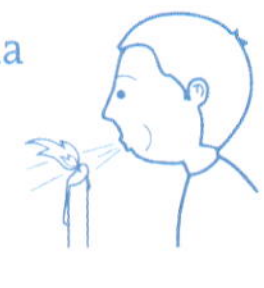

staccarsi • separarsi *Il bambino non vuole staccarsi dalla mamma.*
incollati • attaccati, uniti *I poster sono incollati al muro.*
calore • sensazione calda *Vicino al fuoco c'è molto calore.*

6. L'uomo più brutto del mondo

traccia 6

Era brutto, ma davvero brutto, Felice: grasso e basso, con gli occhi piccoli e il naso lungo lungo, una gamba più corta e le mani grosse come due cipolle.
Era così brutto Felice che, quando camminava per la strada, la gente rideva di lui.

– Mamma mia quant'è brutto! – dicevano – Guarda come cammina, sembra un elefante...
– È l'uomo più brutto del mondo!
– Ehi, venite a vedere, c'è un uomo bruttissimo, sembra il figlio di Frankstein!
– Ma da dove è uscito, dallo zoo?

Felice non rispondeva. Era abituato a sentire queste cose. Da quando era nato, nessuno gli aveva mai detto una parola gentile. Neanche sua madre, che non lo aveva mai amato e che, quando l'aveva visto per la prima volta, si era spaventata a morte e aveva cominciato a piangere.
Felice non aveva amici, perché nessuno voleva parlare con lui, e naturalmente non si era mai sposato, perché tutte le donne quando lo vedevano scappavano via. E anche se lui era sempre molto gentile, nessuno si fermava mai a salutarlo o a chiedergli semplicemente "come va?".
Nella vita di Felice non succedeva mai niente di speciale e i giorni erano tutti uguali, lunghi e tristi come una sera d'inverno. Così, nonostante il suo nome, Felice era molto infelice.
"Che male ho fatto?" pensava "Perché Dio mi ha fatto così brutto? E perché qualcuno nasce bello, alto e con gli occhi azzurri e qualcun altro invece nasce basso, brutto e grasso? Dov'è la giustizia in tutto questo? E perché, se uno è brutto, non è mai brutto completamente, e ha sempre

▸ note

si era spaventata a morte • aveva avuto molta paura, aveva avuto uno shock *La bambina aveva visto un film dell'orrore e si era spaventata a morte.*

almeno qualcosa di bello, per esempio gli occhi, la bocca o le gambe, e nel mio corpo invece è tutto sbagliato e non c'è niente di bello, neanche un capello?"
Certo, anche Felice, come ognuno di noi, aveva sentito dire che la bellezza non è tutto nella vita, e che in un uomo sono più importanti l'intelligenza, la sensibilità, l'onestà...
"Però questo è vero solo in teoria." pensava lui "Nella realtà è diverso: se sei brutto, come me, non hai nessuna possibilità, perché gli altri ti guarderanno sempre come un mostro."
E concludeva: "Resterò sempre solo, triste e infelice per tutta la vita."
Ma un giorno, mentre camminava per la strada, Felice aveva sentito che qualcuno lo chiamava:

– Scusi, signore...
– Dice... dice a me? – aveva chiesto timidamente Felice, che non aveva molta voglia di parlare. Infatti, quando girava per la città, la gente lo fermava solo per dirgli cose cattive.
– Sì, dico a Lei. Scusi se La disturbo... Mi aiuta ad attraversare la strada, per favore?

Felice non credeva ai suoi occhi. Davanti a lui c'era una ragazza bellissima, o almeno così gli sembrava. Era forse uno scherzo?

– Come?... Cosa?... Attraversare la strada?
– Sì. – aveva risposto la ragazza – Sono cieca. Per me non è un problema camminare da sola, però quando devo attraversare la strada ho paura delle macchine. Allora, mi aiuta?
– Veramente... Veramente io e Lei non ci conosciamo... – aveva detto Felice, che era tutto confuso e non sapeva come rispondere. Ma subito aveva pensato che quella risposta non era molto gentile e allora aveva aggiunto:

– Mi scusi, signorina, non avevo capito. Certo che l'aiuto! Con molto piacere! Prego, mi dia la mano.

note ◂

mostro • persona bruttissima, orribile *Frankstein era un mostro.*
cieca • persona che non vede *Come Stewie Wonder e Ray Charles, anche Carla è cieca ma suona benissimo il piano.*
aveva aggiunto (inf. aggiungere) • aveva detto ancora, aveva continuato a dire *Dopo il suo discorso, Luca aveva bevuto un po' d'acqua, poi aveva aggiunto ancora qualcosa.*

Così Felice e la ragazza avevano attraversato la strada. Era una calda giornata di aprile. L'aria era profumata, gli alberi erano pieni di fiori. Felice si sentiva contento. Per la prima volta nella sua vita, qualcuno gli aveva parlato normalmente. Era una sensazione bellissima, meravigliosa. Per questo, quando la ragazza gli aveva chiesto se poteva passeggiare ancora un po'con lui, Felice le aveva risposto subito di sì.
Da quella mattina, Felice e la ragazza cieca avevano cominciato a incontrarsi ogni giorno. Insieme facevano delle lunghe passeggiate per la città. Ogni volta, la ragazza chiedeva a Felice di raccontarle tutto quello che lei non poteva vedere e allora lui le parlava dei colori degli alberi, delle case, della gente che passava per le strade; per ogni situazione lui trovava sempre delle cose interessanti da dire e parlava così bene che lei non aveva mai sentito delle parole e dei pensieri tanto belli. Alla fine la ragazza si era innamorata di Felice. E siccome anche lui l'amava, avevano deciso di sposarsi.
Ma poi, una sera la tv aveva parlato di una nuova scoperta medica, con la quale era finalmente possibile guarire molte malattie degli occhi. La tv aveva detto che tante persone gravemente malate avevano già provato questa nuova tecnica, ed erano tutte miracolosamente guarite.

– Anch'io voglio provare. – aveva detto la ragazza. – Così quando sarò guarita, potremo finalmente sposarci ed essere felici. Dovremo spostare la data del nostro matrimonio, ma per te non è un problema, vero?

Felice le aveva risposto che no, non era un problema. Perciò le aveva promesso tutto il suo aiuto e l'aveva accompagnata a parlare con i medici.
Felice era molto contento per la ragazza, tuttavia sentiva che tra loro le cose sarebbero presto cambiate.
"Quando mi vedrà, non mi vorrà più." pensava.
Dopo l'operazione, la ragazza era rimasta alcune settimane in ospedale

▸ note

passeggiare • camminare senza avere una direzione precisa *Mi piace passeggiare per le vie della città e guardare i negozi.*
guarire • uscire da una malattia, il contrario di "ammalarsi" *Per guarire ho dovuto prendere molte medicine.*

con gli occhi coperti da una medicazione. Felice naturalmente le era stato molto vicino. Poi, la mattina in cui i medici avevano tolto la medicazione, aveva comprato dei fiori rossi ed era andato in ospedale con il suo vestito più bello. Ma quando la ragazza aveva aperto gli occhi e aveva visto quell'uomo brutto, piccolo e grasso, con il naso lungo e le mani a forma di cipolla, non era riuscita a dire nulla.

– Ciao. – l'aveva salutata lui. – Riesci a vedermi?

La ragazza aveva guardato una per una tutte le persone che erano nella stanza: i medici, le infermiere, gli altri malati; poi i suoi occhi erano tornati su quell'uomo basso e grasso che continuava a sorriderle con i fiori in mano.

– Sono Felice. – ripeteva lui – Mi vedi?
– Sì, Felice, ti vedo. Sono guarita. Non è meraviglioso? – aveva detto alla fine la ragazza, con una voce che sembrava allegra ma che in realtà era molto triste.

Il giorno dopo la ragazza era uscita dall'ospedale. I primi tempi si era sentita come una turista in un paese straniero: tutto per lei era nuovo, strano, interessante. Ma poi a poco a poco si era abituata a quella sua nuova vita da persona normale.
Felice, come al solito, le era stato vicino: l'aveva accompagnata nei suoi giri per la città e le aveva spiegato tante cose. Però, adesso, la situazione non era più quella di prima: ora che poteva uscire liberamente ed era una persona come tutte le altre, la ragazza non aveva più bisogno di lui per muoversi. Neanche le sue parole erano più così interessanti per lei: infatti adesso i suoi occhi potevano vedere normalmente, e molte delle spiegazioni di Felice erano diventate inutili.
Così, a poco a poco, Felice e la ragazza avevano cominciato a vedersi di meno.
Ogni tanto lui le chiedeva del matrimonio, ma lei gli dava sempre delle risposte poco chiare.

note

medicazione

– Ci sposeremo. – diceva – Ma non subito, aspettiamo ancora un po'.

Felice, che era sempre molto innamorato, aspettava. Fino a quando, un giorno, lei gli aveva finalmente parlato.

– Ho conosciuto un altro uomo, – gli aveva detto – e mi sono innamorata. Mi sposo con lui, mi dispiace.

Poi lei l'aveva ringraziato per tutto quello che aveva fatto e se n'era andata.
Felice non era riuscito a dirle niente. Era triste, disperato.
"Sono di nuovo solo." pensava "Perché la mia vita è così infelice?"
Per molti giorni non era uscito di casa ed era rimasto tutto il tempo a pensare alla ragazza. Ma poi aveva cominciato a vedere le cose in modo diverso e qualcosa in lui era cambiato.
"Piangere non serve a niente." si era detto "È vero, lei non mi ama e io sono di nuovo solo; però la mia vita non può essere uguale a prima. Qualcosa è cambiato. Adesso io sono un'altra persona. Ho capito che posso stare con gli altri e che posso fare molte cose buone. Per esempio, posso aiutare i ciechi."
Così era andato all'Unione Ciechi e si era offerto come accompagnatore. I ciechi erano stati molto contenti di accettare l'aiuto di quella persona così gentile. Perciò ogni mattina Felice accompagnava uno di loro a passeggiare per la città. E siccome era molto bravo a parlare e trovava sempre delle cose interessanti da dire, in poco tempo era diventato l'accompagnatore più ricercato. Il successo di Felice era stato così grande, che dopo un po' tutti i ciechi domandavano di uscire con lui, e le poche ore della mattina non bastavano più a soddisfare tutte le richieste. Così Felice aveva dovuto offrire il suo aiuto per tutto il giorno. In questo modo aveva conosciuto tantissima gente e la sua vita era completamente cambiata. Adesso Felice non era più solo.
"È strana la vita." pensava "Per cambiarla basta poco, e a volte la felicità è più vicina di quello che sembra."
Poi una sera, dopo molti mesi, aveva ricevuto una telefonata dalla ragazza.

– Ti voglio vedere. – gli aveva detto – Ho bisogno di parlarti.

Si erano incontrati. Appena l'aveva visto, lei aveva cominciato a piangere:

– Mi manchi tanto. Torniamo insieme.

Felice era sorpreso, non capiva.

– Ma tu sei sposata, perché dici questo?
– Vedi Felice, quando ti ho lasciato i miei occhi erano guariti, ma il mio cuore era diventato cieco. Ho sposato un uomo bello, ma senza cuore, perché avevo dimenticato che cos'è l'amore. Adesso ho capito che amo te, perché solo tu mi sai dare l'amore che voglio. Ti prego, torniamo insieme.
– Dammi un po' di tempo per pensare. – aveva detto Felice – Tra qualche giorno ti darò una risposta.

Poi era andato a casa e si era messo a pensare alle parole della ragazza. Per una settimana non era uscito. Per la prima volta dopo molto tempo, non aveva accompagnato i suoi amici ciechi in giro per la città.
Alla fine aveva telefonato alla ragazza.

– Allora, mi vuoi? – aveva chiesto lei.
– Sì. – aveva risposto Felice – Quando ti ho rivisto, una settimana fa, non ero sicuro di amarti ancora. Tu mi hai fatto soffrire molto. Per continuare a vivere ho dovuto dimenticarti. Ma adesso anch'io sono una persona nuova e l'amore non mi fa più paura. La mia vita è cambiata. Se tu mi vuoi, sono pronto ad amarti.

Così Felice e la ragazza erano tornati insieme. Per festeggiare, gli amici dell'Unione Ciechi avevano organizzato una grande festa. Avevano bevuto e ballato tutta la notte.

– Mi sembra un sogno. – aveva detto Felice la sera della festa – È proprio vero che l'amore è cieco!

Tutti avevano riso. Poi la ragazza l'aveva baciato. Finalmente Felice era davvero felice.

FINE

fai gli ESERCIZI
vai a pagina 53

7. C'eravamo tanto amati

traccia 7

Roma. È notte. Mario dorme. Suona il telefono. Mario risponde.

Mario Pronto?... Chi parla?
Paola Ciao Mario. Sono Paola.
Mario Paola?
Paola Sì, sono io. Cosa fai? Dormi?
Mario Certo che dormo! Sono le due di notte! Cosa vuoi a quest'ora?
Paola Ho un problema...
Mario Un problema? Che problema?
Paola Mario... Io... Io non....
Mario Si può sapere cosa è successo? Hai avuto un incidente con la macchina? Non ti senti bene?
Paola No, niente di tutto questo.
Mario E allora, perché mi hai chiamato?
Paola Non riesco a dormire.
Mario Cosa...? Mi hai telefonato per dirmi questo?
Paola Sì, scusa.... Ti ho svegliato, vero?
Mario Ma sì, te l'ho detto! Stavo dormendo... Dove sei adesso?

Paola A Milano, in albergo. Sono qui per lavoro. Domani ho una riunione importante. Sono molto nervosa, non riesco a dormire.

Mario Non hai un sonnifero?

Paola No, lo sai che non prendo mai medicine.

Mario Allora bevi una camomilla!

Paola Non posso. Al bar dell'albergo hanno solo il tè, la camomilla non c'è!

Mario E io cosa posso fare?

Paola Non lo so... Parla! Dimmi qualcosa...

Mario Sei matta? Io ho sonno, voglio dormire!

Paola Anch'io voglio dormire!

Mario Allora buonanotte!

Paola No, un momento! Io sono tua moglie, non puoi lasciarmi così!

Mario Ma Paola: noi siamo divorziati da sei anni! Tra noi tutto è finito. Adesso sono un uomo libero, per fortuna...

Paola Cosa vuoi dire? Forse c'è qualcun altro là con te? Hai un'altra donna?

Mario Noooooo, sono solo!

Paola Perché gridi? Sei nervoso?

Mario Sì, sono nervoso perché non riesco a dormire! È chiaro?

Paola Allora prendi una camomilla!

Mario No, è inutile. Quando sono troppo nervoso non c'è niente da fare. Lo sai anche tu. Adesso non dormo più, sei contenta? Starò sveglio tutta la notte. Su, dimmi qualcosa... Stai bene? Hai molto lavoro? Quando torni a Roma?

Paola ....

Mario Paola? Paola? Perché non rispondi? Paolaaaaa?!

Paola zzzzzzzzzzzzzzzzzz......... zzzzzzzzzzzzzzzzz........

FINE

fai gli ESERCIZI
vai a pagina 54

note

sonnifero • medicina che si prende per dormire *Ieri sera non riuscivo a dormire e così ho preso un sonnifero.*

camomilla • tisana, bevanda calda che si prende per dormire o rilassarsi *Quando sono nervoso, bevo sempre una camomilla.*

divorziati • separati, non più sposati *Io e la mia ex moglie siamo divorziati da tre anni.*

8. Angeli*

traccia 8

– Amore mio, i tuoi occhi sono azzurri come i cieli del Paradiso. – aveva detto Toni.

Poi lui l'aveva baciata, un vero bacio, caldo e sensuale, e da quel momento la vita di Clea era cambiata.
Che le era successo? Cos'era questa sensazione così nuova e strana che di notte non la lasciava dormire? Era forse amore? Ma l'amore che lei conosceva non era come questo: quello che lei conosceva era un sentimento diverso, senza corpi e senza baci; era l'amore spirituale per gli altri angeli del Paradiso, l'amore per Dio, il Signore, il Padre.

▸ note

* Il racconto "Angeli" è liberamente ispirato a "Jachid e Jechidà" di I. B. Singer.

Solo questo conosceva Clea, solo questo amore le avevano insegnato i suoi maestri, e lei come tutti gli altri angeli del Paradiso non aveva mai creduto a nient'altro. Certo, anche lei qualche volta aveva sentito raccontare dagli angeli più vecchi storie di strane passioni, ma quelle erano cose che succedevano nel mondo degli uomini e a Clea non interessavano molto.

Adesso invece questo strano sentimento le apriva una finestra su un mondo nuovo e sconosciuto. Era il desiderio di altri baci, desiderio della bocca dolce di Toni sulla sua, desiderio dei suoi capelli neri e della sua pelle scura, delle sue braccia grandi e delle sue mani forti. Anche questo si chiamava amore?

Clea non lo sapeva. Solo una cosa era sicura: da quando Toni l'aveva baciata, niente era più come prima. Ora Clea passava il tempo a pensare a Toni, lo aspettava, lo desiderava. E quando lui arrivava, bello e forte sulle sue grandi ali bianche, allora anche lei apriva le sue e insieme volavano felici per i cieli azzurri del Paradiso. Volavano, volavano...

Non era mai stata così felice. Ora, quando gli altri angeli la incontravano, la trovavano cambiata.

– Sei diversa. – dicevano – Che cosa ti è successo?

– Niente, niente. Non è successo niente. – rispondeva lei.

Ma dentro di sé sapeva benissimo che non era vero.

Anche la sua arte era cambiata. Prima i suoi quadri erano immagini di angeli e di santi, immagini del Padre mentre parla dell'amore universale, immagini spirituali di pace e armonia. Nessuno come lei era bravo a colorare le nuvole bianche del Paradiso e tutti ammiravano la sua arte.

Adesso invece dalla sua mano uscivano disegni di corpi, visi, braccia. Disegni di bocche che si avvicinano e di occhi che si guardano. Certo, erano sempre angeli, ma in loro non c'era più niente di spirituale. In quelle immagini non c'erano pace e armonia ma desiderio e passione.

note ◂

ali

– Questo è peccato. – le aveva detto Rubio, l'angelo dai capelli rossi che era suo amico.

Ma lei non l'aveva ascoltato e aveva continuato a disegnare quelle sue immagini così sensuali. Aveva continuato a vedere Toni e a volare con lui per i cieli azzurri.
Poi, un giorno, qualcuno li aveva visti mentre si baciavano dietro una nuvola e l'aveva detto agli altri angeli. Erano arrivate le guardie del Paradiso. Avevano preso Clea e l'avevano portata in prigione.
Il giorno del processo c'erano tutti gli angeli e i santi del Paradiso. In mezzo a un grande silenzio gli angeli anziani avevano parlato a lungo. Avevano fatto discorsi seri e difficili. Poi avevano mostrato i quadri di Clea, quelle immagini di corpi e di passione che in Paradiso non si erano mai viste prima.

– Guardate, – avevano detto – questi quadri dicono più di mille parole.

Alla fine, quando i giudici avevano comunicato la loro decisione, tutti erano stati d'accordo.

– Morte. – avevano detto – Questa è la Legge.

• •

traccia 9

Dopo il processo, l'avevano riportata nella buia prigione. Qui, sola e disperata, Clea pensava a Toni. Dov'era? Che gli avevano fatto? Anche lui era in prigione? Perché non aveva più sue notizie? Prima, quando erano liberi e felici, Clea e Toni non avevano bisogno di parole per comunicare: come tutti gli altri angeli potevano scambiarsi messaggi telepatici con il pensiero, e anche quando erano lontani bastava concentrarsi un po' per

▸ note

peccato • azione contro la morale o la religione *Per la religione cattolica, rubare è un peccato.*
processo • pubblica discussione che si fa per giudicare qualcuno *Questo processo servirà a decidere se quest'uomo è un innocente o un assassino.*
giudici • persone che giudicano, esperti della legge che decidono se una cosa è giusta o sbagliata *I giudici hanno deciso che quest'uomo è innocente.*
telepatici • che usano la forza del pensiero *Ci sono persone molto sensibili che, con i loro poteri telepatici, riescono a leggere nei pensieri degli altri.*

"sentire" subito se l'altro stava bene. Ma adesso, le cose erano cambiate: da quando era in prigione, Clea aveva provato molte volte a comunicare con Toni, gli aveva mandato continuamente dei messaggi con il pensiero ma non aveva mai ricevuto nessuna risposta. Questo voleva dire che Toni era morto? Forse sì, pensava Clea, ma poi, cosa significava per un angelo "morire"?

– Significa lasciare il Paradiso e scendere nel mondo degli uomini.
– le aveva spiegato Albina, una sua amica angelo che un giorno era andata a trovarla in prigione.
– Allora anch'io dovrò andare via dal Paradiso? – aveva chiesto Clea.
– Sì, anche tu dovrai lasciare il Paradiso e andare a vivere sulla Terra, il mondo degli uomini. Là diventerai un uomo o una donna, e comincerai una nuova vita. Così hanno deciso i giudici.
– Ma io non voglio morire! – aveva gridato Clea – La mia vita è qui in Paradiso, io voglio continuare ad essere un angelo, voglio continuare a volare nel cielo e a colorare le nuvole bianche come ho sempre fatto, non posso vivere senza tutto questo!

Poi Clea aveva cominciato a piangere.

– Non devi fare così. – aveva cercato di calmarla Albina – Il Paradiso è bellissimo, e capisco la tua disperazione; ma anche sulla Terra ci sono molte cose meravigliose: gli oceani, le montagne, le foreste e i deserti. Sulla Terra potrai essere felice e amare come ti piace, potrai baciare un uomo e innamorarti senza paura di essere messa in prigione...
– Perché dici questo, Albina? Io amo Toni, gli uomini non mi interessano.
– Adesso tu parli così perché sei ancora un angelo, ma sulla Terra sarai anche tu un essere umano come tutti gli altri, non puoi sapere cosa farai. Ascolta Clea, voglio dirti una cosa importante: Michele, uno degli angeli anziani, mi ha detto che i giudici sono stati buoni con te. Ha sentito dire che ti mandano in Italia.
– In Italia... E dov'è?... Io non so nulla di questo Paese. Tu lo conosci?
– No, ma sembra che sia un bel Paese. Anzi, qualcuno lo chiama proprio così: il Belpaese. Quelli che ci sono stati dicono che là il cielo è azzurro come quello del Paradiso. Questo è tutto quello che so. Ma adesso scusami, Clea, non posso restare: il nostro tempo è finito.

Addio amica mia e buona fortuna.

Poi erano arrivate le guardie, avevano preso Clea e l'avevano portata su una nuvola scura che si trovava dietro la prigione. Qui, un angelo vestito di nero le aveva tagliato le sue belle ali bianche. Clea era svenuta. Da quel momento, per lei era cominciata una nuova vita.

traccia 10

Adesso che era sulla Terra, Clea non ricordava più niente della sua vita passata. Il suo amore per Toni, i voli per i cieli azzurri del Paradiso, il processo, la prigione, tutto questo era stato dimenticato. L'angelo con le ali bianche non c'era più, al suo posto adesso c'era una persona nuova. Ora Clea era una ragazza normale, aveva una famiglia, degli amici, un lavoro. A Roma, dove era nata, abitava in un appartamento di due stanze sopra la casa dei suoi genitori. La sua vita era tranquilla e andava avanti senza grandi problemi.
Tuttavia, anche se non era più quella di prima, qualcosa in lei era rimasto uguale: Clea era ancora un'artista. Come l'angelo di un tempo, anche lei sapeva dipingere quadri bellissimi. Dipingere infatti era il suo lavoro. La sera andava a piazza Navona, nel centro della città, e vendeva i suoi quadri ai turisti. Erano immagini religiose, soprattutto di angeli, ma a guardarle bene si capiva che quelle immagini erano molto umane e poco divine: c'erano angeli tristi, arrabbiati o contenti; c'erano angeli che piangevano e angeli che ridevano come bambini; c'erano anche angeli vecchi e malinconici, con la barba bianca e senza denti. Ognuno di quegli angeli aveva qualcosa di molto umano; ognuno di loro esprimeva una passione, un sentimento.

– Perché dipingi sempre immagini di angeli? – le aveva chiesto una sera Lucia, una ragazza che suonava la chitarra nella piazza.
– Non lo so perché. – aveva risposto Clea – Quando faccio un quadro, vedo queste immagini dentro di me, è qualcosa che non so spiegare.

▸ note

era svenuta (inf. svenire) • aveva perso coscienza, era caduta in uno stato di incoscienza *Quando aveva avuto quella terribile notizia, la donna era svenuta.*
dipingere • disegnare, colorare, fare un quadro *Leonardo e Michelangelo sapevano dipingere in modo straordinario.*

Ognuno di questi angeli esprime una parte della mia personalità.
– Tu sei proprio strana. – aveva detto Lucia – Però sei simpatica. Dimmi una cosa: ce l'hai il ragazzo?
– No, non ce l'ho.
– Non è possibile. Una ragazza carina come te... Davvero non hai nessuno?
– Sì, davvero. Io non penso a queste cose... Ho la mia famiglia, il mio lavoro, questo mi basta.
– Vuoi dire che non ti sei mai innamorata?
– Sì, proprio così. E tu?

Lucia aveva sorriso. Lei non era come Clea. Lucia infatti era sempre innamorata e ogni settimana aveva un nuovo ragazzo. Perciò, anche se era giovane, aveva già avuto molte storie d'amore.

– Ma questo non è vero amore. – le aveva detto Clea – Il vero amore non finisce mai. È un sentimento che dura per sempre. Quando io m'innamorerò, sarà per tutta la vita.
– E se sceglierai l'uomo sbagliato?
– Non mi potrò sbagliare. – aveva risposto Clea – Quando lo incontrerò, lo riconoscerò subito. Sarà un amore a prima vista.

Ma Lucia non aveva capito. "Come fa ad essere così sicura?" pensava. "E come può l'amore durare per sempre e non finire mai?".
La sera dopo Clea e la sua amica erano di nuovo nella piazza. A Roma era primavera e per le strade c'era molta gente. Piazza Navona come al solito era uno dei posti più animati della città: c'era un clown che faceva uno spettacolo per i turisti vicino alla fontana del Bernini; un uomo vestito di nero, davanti alla chiesa di Sant'Agnese, parlava di Dio e della fine del mondo; dall'altra parte un vecchio vendeva cornetti caldi al cioccolato. Alcuni ragazzi erano seduti intorno a Lucia, che cantava e suonava la chitarra. Clea come sempre dipingeva i suoi quadri.

note

dura (inf. durare) • continua, è lungo *Un'ora dura sessanta minuti.*
animati • pieni di vita, movimentati *Le discoteche sono posti molto animati.*

Quella sera, vicino a lei, era seduto un ragazzo africano che vendeva collane e bracciali. Era la prima volta che veniva nella piazza. Era arrivato con una grande borsa azzurra e subito le aveva sorriso.

– Ciao. Mi posso mettere qua? – le aveva chiesto.

Per un momento, Clea era rimasta senza parole. Quella voce, così dolce e sensuale, le aveva ricordato qualcosa. Allora aveva alzato gli occhi dal quadro che stava dipingendo e aveva guardato bene il ragazzo. Che strano: era la prima volta che lo vedeva, ma le sembrava di conoscerlo già.
"Dove l'ho già visto?" pensava "Cosa mi ricordano i suoi occhi? E come mai la sua voce mi sembra tanto familiare?".
Clea continuava a guardarlo, ma non riusciva a capire.

– Allora io mi siedo. – aveva detto il ragazzo.

Poi aveva aperto la borsa e aveva tirato fuori le sue cose. Sopra una coperta rossa aveva sistemato le collane e i bracciali.
"È alto e forte." aveva pensato Clea "Il suo viso è sveglio, intelligente. E che occhi... Nessuno mi ha mai guardato così."

– È una bellissima serata, non è vero? – aveva detto il ragazzo.
– Sì, bellissima! – aveva risposto Clea.
– C'è qualcosa nella primavera che non si può esprimere a parole.
– Le parole non possono esprimere nulla. – aveva detto Clea.

Che cosa le succedeva? Come mai parlava in quel modo così strano? E cosa c'era in quello sconosciuto che le piaceva così tanto? Clea non capiva. Le sembrava di essere più vicina a quel ragazzo che a tutte le altre persone che conosceva. Quasi poteva leggere nei suoi pensieri. Era un sogno?
Poi era successo qualcosa che l'aveva riportata alla realtà. Nella piazza era arrivata la polizia. Ogni tanto veniva per controllare i documenti dei

▸ note

collane

bracciali

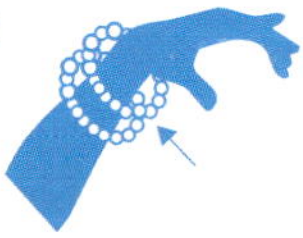

venditori. Spesso ce n'era qualcuno che vendeva senza autorizzazione. Appena aveva visto i poliziotti, il ragazzo aveva preso le sue cose ed era scappato. I poliziotti erano corsi dietro di lui. Clea non aveva avuto neanche il tempo di capire da che parte era andato. Era rimasta a bocca aperta, senza la forza di dire nulla.

traccia 11

Quella notte Clea non aveva dormito. Aveva pensato tutto il tempo al ragazzo delle collane. Lo avrebbe rivisto? Sarebbe tornato un'altra volta nella piazza?
"Certamente tornerà" si diceva "Io sono sicura che anche lui mi ama, l'ho letto nei suoi occhi, non mi posso sbagliare.".
Ma subito dopo cambiava opinione "No, non verrà più. Se la polizia è riuscita a prenderlo, lo avrà messo su un aereo per rispedirlo nel suo Paese; se invece è riuscito a scappare, non pensa certamente a tornare nella piazza.".
In questo caso, dove avrebbe potuto cercarlo? Non sapeva niente di lui: né il nome, né l'indirizzo. Ma poi, perché cercarlo? Era logico tutto questo?
"No, non lo è." pensava Clea "Ma forse l'amore può essere logico? L'amore non conosce ragioni.".
Con questi pensieri il giorno dopo era tornata nella piazza. Si era seduta al solito posto a dipingere i suoi angeli, ma non era riuscita a lavorare. Quando qualcuno le aveva chiesto informazioni sul prezzo di un quadro, aveva risposto distrattamente. Clea non si era mai sentita così infelice. Desiderava quel ragazzo, sentiva di amarlo più di ogni altra cosa, ma lui non era là, e forse in quel momento era già troppo lontano per sperare di rivederlo.

– Perché sei così triste? – le aveva chiesto Lucia.
– Mi sono innamorata.
– E allora? Non sei contenta?
– Al contrario: non mi sono mai sentita così infelice come in questo momento.

note

distrattamente • con poca attenzione *Non ricordo nulla di quello che ha detto il professore, perché l'ho ascoltato distrattamente.*

Clea aveva raccontato alla sua amica quello che le era successo.

– Ho capito di chi stai parlando. – le aveva detto Lucia alla fine – Quel ragazzo africano piaceva anche a me.
– Lo conosci?
– No, però una volta l'ho visto insieme a Said, un ragazzo marocchino che ogni tanto viene a suonare nella piazza. Said è un mio amico, forse lui può dirci dove possiamo trovarlo.
– Davvero?
– Sì, ascolta: sabato sera c'è una grande festa al *Ouagadougou*, il locale africano di Trastevere. Said sarà là per suonare. Se vuoi possiamo andarci.
– D'accordo. Proviamo.

traccia 12

Il sabato sera Clea e Lucia erano andate al *Ouagadougou*. Per entrare avevano dovuto fare una fila molto lunga. Il *Ouagadougou* era il locale del momento a Trastevere e le sue feste multietniche avevano sempre molto successo.
Quel sabato sera non era diverso. Il locale era pieno di gente di tutte le nazionalità. C'era un gruppo di musicisti africani che suonava una musica ipnotica e moltissime persone che ballavano come in trance. Said, l'amico di Lucia, era tra i musicisti. Le due ragazze avevano cercato di parlargli, ma il volume della musica era troppo alto e comunicare con lui era impossibile.

– Aspettiamo la fine del concerto. – aveva detto Lucia – Così potremo parlare con Said. Adesso balliamo un po', ti va?

Ma Clea era rimasta ferma a guardare la gente che, con gli occhi chiusi, ballava quella musica ossessiva, paranoica. A Clea tutta quella confusione non piaceva. Quasi non riusciva a respirare.

– Preferisco andar via. – aveva detto – Non mi sento bene. Restare qui mi sembra inutile, tanto non lo troveremo mai. Comunque grazie per

▸ note

fila • coda, gruppo ordinato di persone che aspettano *Per entrare al cinema, ho dovuto fare una fila molto lunga.*

tutto quello che hai fatto, sei un'amica.

Era uscita fuori con la testa che le girava. Per un po' era rimasta davanti al locale a fare dei lunghi respiri. L'aria fresca della notte l'aveva fatta sentire meglio. Poi aveva camminato per le vie di Trastevere. Era tardi, ma non aveva voglia di tornare a casa. Così aveva continuato a camminare per il centro, senza una direzione particolare. Dopo un po' era arrivata a piazza Navona, la sua piazza. Pensava ancora al suo amore infelice. Le sembrava assurdo soffrire in quel modo per uno sconosciuto. "Perché non riesco a dimenticarlo?" si diceva "Perché quando penso che non lo rivedrò più mi sento morire e la mia vita mi sembra senza senso? È normale tutto questo? Io lo conosco appena, ma lo amo più di ogni altra cosa al mondo!".
Si era fermata al centro della piazza. A quell'ora non c'era più molta gente. Rimaneva solo qualche turista. Un uomo era seduto vicino alla fontana. A Clea sembrava di conoscerlo. Così si era avvicinata.
Appena l'aveva vista, subito il ragazzo delle collane le aveva sorriso:

– Ciao, finalmente sei arrivata. Credevo di non vederti più. Ma dov'eri?
– Ti stavo cercando. – aveva risposto Clea.
– Davvero? Anch'io ti stavo cercando...
– Che strana coincidenza...
– Sì, che strana coincidenza...

Clea si era seduta. Adesso lei e il ragazzo erano molto vicini. C'era qualcosa di magico nell'aria, qualcosa di irreale. Sembrava l'inizio di un bellissimo sogno.

– È incredibile, io non ti conosco ma mi sembra di averti già incontrato. – aveva detto Clea.
– Anche per me è lo stesso.
– Io posso leggere nei tuoi occhi, non ho bisogno di parlare con te per capire cosa pensi.
– Anch'io leggo nei tuoi, per me il tuo viso è come un libro aperto.

note

coincidenza • caso; fortuna; avvenimento insolito, straordinario *Ciao! Anche tu qui? Che coincidenza!*

– È incredibile.
– È meraviglioso.
– E non ti sembra di avere già vissuto tutto questo?
– Sì, proprio così.

Poi lui l'aveva baciata, un lungo bacio, caldo e sensuale, e per Clea era stato come riscoprire una sensazione molto familiare, da tempo dimenticata.
Clea e il ragazzo erano rimasti là tutta la notte, vicino alla fontana, a baciarsi come due innamorati. Poi la luna aveva lasciato il posto al sole del primo mattino. Nella piazza era arrivato qualche turista. Un nuovo giorno era iniziato.

– Io non so ancora come ti chiami. – aveva detto Clea.
– Mi chiamo Toni. – aveva risposto il ragazzo.

Clea aveva cercato di ricordare dove aveva già sentito quel nome.

– Un nome così non si dimentica facilmente. – si era detta.

Ma dove lo aveva sentito per la prima volta? Conosceva forse qualcuno che si chiamava in quel modo? Clea aveva pensato a lungo, ma non era riuscita a ricordarsi di nessuno.

– Andiamo a fare colazione. – le aveva detto Toni – Il bar sta aprendo.

Si erano alzati. Prima di muoversi, lui le aveva dato ancora un lungo bacio. Poi Clea e Toni si erano lavati il viso con l'acqua fredda della fontana. Clea aveva alzato gli occhi verso il cielo azzurro: "È una bellissima giornata." aveva pensato "Oggi dipingerò tutti gli angeli del Paradiso.".

FINE

fai gli ESERCIZI
vai a pagina 58

9. Minitragedia in due battute

traccia 13

Lei Io ti amo tantissimo. E tu?

Lui Sì, anch'io mi amo molto!

FINE

ESERCIZI 1. La telefonata

A • Le frasi sono vere o false? Rispondi con una X.

	V	F
1. Marta abita con la madre.	☐	☐
2. Invece di tornare a casa per la cena, Marta è uscita con Gatto.	☐	☐
3. Gatto fa il poliziotto.	☐	☐
4. Marta ha vent'anni, sua madre cinquanta.	☐	☐
5. Marta ama moltissimo gli amici intellettuali della madre.	☐	☐
6. Alla fine, Marta torna dalla madre.	☐	☐

B • Completa il testo con le parole della lista.

bacio	carattere	dormo	grave	pace
paura	ragione	telefono	vivere	

Lei non parla più con me, non mi chiama, non mi vuole vedere. E io non so che fare, perché non posso _______________ senza di lei. No, non posso. È la verità, non sto scherzando: da quando Marta è andata via non vivo più, la notte non _______________, penso sempre a lei, la mattina non vado a lavorare. Resto in casa tutto il giorno davanti al _______________ e aspetto che lei mi chiami. Perché lei chiamerà, questo è sicuro. La conosco bene Marta: a volte sembra fredda, senza cuore, e invece ha solo _______________ di esprimere i suoi sentimenti. Come me.

Infatti io e Marta abbiamo lo stesso _______________ e forse è per questo che non andiamo d'accordo. Siamo troppo uguali. Troppo simili. E quando c'è una discussione vogliamo avere sempre _______________. Urliamo, litighiamo, ci diciamo delle cose terribili. Ma alla fine facciamo _______________. "Ti voglio bene", mi dice lei con la sua aria da bambina, "io e te non ci lasceremo mai." Poi mi dà un _______________ e tutto torna tranquillo.

Questa volta però è diverso. Non è stata una discussione come le altre. Questa volta è più _______________.

C • Completa il testo con i verbi.

Sono due settimane che Marta (*andare*) _______________ via. Da allora non ho più nessuna notizia. Lei non ha telefonato, non (*scrivere*) _______________. L'ho cercata al negozio di scarpe, ma mi hanno detto che non lavora più là. Allora ho provato al bar del quartiere, (*chiedere*) _______________ di Gatto: nessuno ha saputo dirmi niente. Io aspetto. Passo il mio tempo vicino al telefono. "Prima o poi (*chiamare*) _______________", mi dico. Ma il telefono sembra morto, da molti giorni non suona più. La vita è strana: io ho sempre pensato di poter vivere senza il telefono; quando c'era Marta (*arrabbiarsi*) _______________ perché le sue amiche chiamavano a ogni ora del giorno e della notte; lei (*ricevere*) _______________ molte telefonate e tutto questo mi disturbava. Odiavo il telefono. Adesso invece sono qui che aspetto di sentirlo suonare. La mia vita, la mia felicità dipendono da una telefonata.

All'improvviso sento una grande stanchezza. Da molte notti non (*dormire*) _______________ più e ora ho tanta voglia di un po' di riposo. Ho chiuso gli occhi, forse sto già (*dormire*) _______________.

D • Completa il testo con le parole della lista.

casa	deserti	finestra	frutti	isola
isola	mari	sogno	uccello	voce

Faccio un _____________ bellissimo: sono un _______________, volo alto nel cielo, attraverso città e montagne, _______________ di sabbia e ____________ azzurri. Poi vedo un' _______________ meravigliosa, con alberi verdi e _______________ dolcissimi. Al centro dell'_______________ c'è una piccola _______________ bianca. Mi avvicino, la _______________ è aperta. Dentro c'è qualcuno che canta. È una _______________ giovane, di donna. La canzone parla di me, sento pronunciare il mio nome. Io mi avvicino ancora...

E • Sostituisci le parole in **neretto** con quelle della lista che hanno lo stesso significato.

a. hai mentito	b. hai obbligato	c. hai litigato
d. poco di buono	e. disastro	f. di cattivo umore

1. La commedia non faceva ridere, gli attori erano terribili, lo spettacolo è stato un **grande insuccesso**. ☐
2. Oggi sei proprio **nervoso**: non saluti, non parli, non hai voglia di fare niente... Ma cos'hai? **Hai avuto una discussione** con tua moglie? ☐
3. Mi **hai detto una bugia**, non è vero che parli bene il francese. ☐
4. Quel ragazzo è un **disonesto**, l'ho visto mentre prendeva i soldi dalla mia giacca. ☐
5. Mi **hai** sempre **costretto** a fare quello che volevi tu; adesso basta! Voglio essere una persona libera! ☐

F • Metti le frasi nell'ordine giusto e ricostruisci la telefonata tra Marta e la madre.

☐ a. Sì. Con Gatto è finita. Avevi ragione tu: è un poco di buono. Ma... Cosa fai: piangi?

☐ b. Le nove e mezza. Volevo dirti che sto venendo a casa.

☐ c. Anche tu mi sei mancata, mamma. Ti voglio bene.

☐ d. Stavo... Stavo dormendo. Che ore sono?

☐ e. Pronto Marta, sei tu?

☐ f. Davvero? Torni da me?

☐ g. No, no, va tutto bene... Mi sei mancata tanto, piccola mia.

☐ h. Sì, sono io. Perché non rispondevi?

ESERCIZI 2. Dammi la mano

A • Le frasi sono vere o false? Rispondi con una X.

	V	F
1. Il protagonista del racconto e la donna non si sono mai incontrati prima.	☐	☐
2. Nella metropolitana, il protagonista del racconto chiede alla donna di uscire con lui.	☐	☐
3. La donna ha un appuntamento con un altro uomo.	☐	☐
4. L'uomo ricco è il fidanzato della donna.	☐	☐
5. La donna vuole morire perché è innamorata dell'uomo ricco.	☐	☐
6. Il protagonista del racconto e la donna non sono italiani.	☐	☐

B • Completa il testo con le preposizioni.

Ora entri __________ un bar. Io mi fermo, non so cosa fare. Mi sento un po' stupido, è la prima volta che seguo qualcuno. Cosa spero __________ fare? So già che non avrò il coraggio __________ parlarti. Per un momento penso __________ andare via, ma il desiderio di stare ancora __________ te e di scoprire qualcosa __________ tua vita è troppo forte: voglio capire chi sei, cosa fai, perché sei venuta qui. Quando entro il cameriere mi chiede se voglio bere qualcosa. La sua voce non è gentile, ha capito che non ho molti soldi. Questo è uno __________ migliori bar della città. Per alcuni secondi resto __________ piedi senza dire niente. Ti cerco con gli occhi __________ la gente. Finalmente ti vedo, sei seduta in fondo __________ sala, insieme a un uomo __________ capelli scuri. Chi è quest'uomo? Cosa c'è __________ voi due?
Decido di sedermi a un tavolo e di spendere i miei ultimi soldi __________ un caffè. Da lontano ti osservo mentre parli __________ quell'uomo. Lui ha messo una mano __________ tuo braccio, ti sorride. È il tuo fidanzato? No, non posso crederlo.

C • Completa il testo con le frasi della lista.

1. tu mi hai sorriso	4. non ci incontreremo più
2. giri la testa dall'altra parte	5. certamente mi sono sbagliato
3. vorrei parlarti	

Io non ti conosco, non so niente di te: non so chi sei, cosa fai, come ti chiami. Vorrei parlarti e dirti come sei bella, ma quando ti guardo tu abbassi gli occhi e ______________________________. Lo so, è giusto così, anche tu non mi conosci. Non sai niente di me.
Prima di oggi non mi hai mai visto. E forse tra poco, quando tu scenderai da questo vagone della metropolitana, ______________________________. Però, come sei bella... E come sono belli i tuoi occhi, così neri e profondi.
Poco fa, quando sei salita, ti sei seduta di fronte a me. Hai osservato la gente intorno a noi, tutte queste persone sconosciute riunite insieme sullo stesso vagone (...) Poi hai guardato anche me, e mi è sembrato che per un momento, solo per un momento, ______________________________. E allora io ho pensato che il tuo sorriso voleva dire: "eccomi qui amore mio, sono arrivata, io sono come te, sono quello che tu stai cercando...".
Ma ______________________________; infatti, come ho detto, tu non sai niente di me. Non conosci neanche il suono della mia voce. Non sai che lavoro faccio, come vivo, da dove vengo.
Io ______________________________, ma cosa posso dirti? "Mi scusi signorina, Lei prima mi ha sorriso, non è vero? Dove sta andando? Esce con me questa sera?"
No, è ridicolo. Noi due non ci siamo mai visti. Non abbiamo nessun motivo per parlarci.

D • Scegli l'espressione giusta.

Per alcuni minuti tu resti là, in mezzo alla strada, con i capelli e i vestiti bagnati. Ma che aspetti? **Come/Perché/Poiché** non ti muovi? Allora mi avvicino e **siccome/mentre/finalmente** capisco: tu stai piangendo! È un pianto triste, disperato, **come/perciò/quando** non ho mai visto prima. Io vorrei aiutarti, **però/allora/affinché** adesso tu attraversi la strada e ti allontani. Per venti minuti cammino dietro

di te, sotto la pioggia. Arriviamo al fiume che divide in due la città. Attraversiamo un ponte. "Stai tornando a casa," penso, "**dato che/cioè/così** potrò vedere dove abiti."
A metà del ponte ti fermi. Guardi il fiume sotto di te. Ma cosa fai? No, non è possibile! Stai salendo sul parapetto, vuoi saltare giù!

– Fermati! – grido, **siccome/nonostante/mentre** corro verso di te.

E • Completa le frasi con le parole della lista.

braccio	capelli	cuore	mani	mano	occhi
occhi	sorriso	spalle	testa	viso	voce

1. Vorrei parlarti e dirti come sei bella, ma quando ti guardo tu abbassi gli ______________ e giri la ______________ dall'altra parte.
2. Però, come sei bella... E come sono belli i tuoi ______________, così neri e profondi.
3. Ma certamente mi sono sbagliato; infatti, come ho detto, tu non sai niente di me. Non conosci neanche il suono della mia ____________. Non sai che lavoro faccio, come vivo, da dove vengo.
4. Come mi piaci! Da quando ti ho incontrato il mio ______________ batte forte, la mia vita non è più la stessa.
5. Finalmente ti vedo, sei seduta in fondo alla sala, insieme a un uomo dai ______________ scuri. Chi è quest'uomo? Cosa c'è tra voi due?
6. Da lontano ti osservo mentre parli con quell'uomo. Lui ha messo una mano sul tuo ______________, ti sorride. È il tuo fidanzato? No, non posso crederlo.
7. Ogni tanto il suo cellulare suona: allora lo vedo rispondere, muovere le ______________ nell'aria, lo sento gridare e parlare di soldi, di affari importanti.
8. Tu ti giri, mi guardi senza dire niente. Sul tuo ______________ ancora quel pianto triste, disperato.

   – Dammi la ______________. – ti dico.

9. Adesso hai freddo, i tuoi vestiti sono bagnati. Mi levo la giacca e la metto sulle tue ______________. Sul tuo viso appare un timido ______________. Come sei bella!

ESERCIZI 3. Amore impossibile

A • Scegli la frase giusta.

1. La donna dall'uomo vuole
   - ☐ a. amicizia.
   - ☐ b. soldi.
   - ☐ c. amore.
2. L'uomo non vuole sposare la donna perché
   - ☐ a. non la ama.
   - ☐ b. è un prete.
   - ☐ c. è già sposato.
3. Alla fine la donna
   - ☐ a. si sposa con l'uomo che ama.
   - ☐ b. resta tutta la vita ad aspettare l'amore dell'uomo.
   - ☐ c. si sposa con un altro uomo.

B • Completa le frasi con i pronomi.

1. Lei viene da ________ tutti i giorni. Mi racconta come vive, cosa fa, come ________ sente. Mi parla dei suoi pensieri più segreti. Senza paura ________ apre il suo cuore. Lei ________ dice tutto di sé e la sua vita per ________ è un libro aperto. Io ________ voglio molto bene, ma questo a lei non basta.

   – Io ________ amo, ________ voglio sposare. – mi dice. E siccome io ________ rispondo di no, lei comincia a piangere.
   – Cos'ho che non va? Non ________ piaccio?– mi chiede.

2. – Se non ami un'altra,– continua lei – perché non vuoi stare con me?–
   – ________ ho già detto. – rispondo io – Per favore, non ________ chiedere più. Tra me e ________ l'amore è impossibile.

   Allora lei va via e per qualche giorno non ________ vedo più. Non ________ telefona, non ________ aspetta davanti casa, non ________ cerca più come fa di solito. Poi però alla fine ritorna sempre, più innamorata di prima.

C. Completa le frasi con i verbi.

1. – Anche se tu non mi ami, io ti (*amare*) ____________________ per sempre. Non posso vivere senza di te.

2. Mentre (*camminare*) ____________________, parlavamo del freddo di quell'anno, della neve che era caduta. Lei rideva, felice di stare con me. Aveva il viso rosso per il freddo, gli occhi grandi e azzurri, ed era ancora più bella, come non l' (*vedere*)________________ mai ________________ prima.

3. Da quel giorno non l'ho più vista. Lei non mi ha più cercato e io per molto tempo non (*avere*) ____________________ sue notizie. Più tardi ho saputo che (*cambiare*) ____________________ città. Era andata lontano, molto lontano, decisa a iniziare una nuova vita. Poi, dopo molti anni, (*ricevere*) ____________________ una sua lettera. Mi diceva che (*sposarsi*) ____________________ e che (*avere*) ____________________ due figli, un maschio e una femmina; al figlio maschio (*dare*) ____________________ il mio nome.

4. Lei mi amava (...) Ma cosa dovevo fare? Sposarla? Perdere il mio lavoro? Rivoluzionare la mia vita? No, il nostro era un amore impossibile. Sì, proprio così: impossibile. E tutto (*andare*) ____________________ come doveva andare. Non c'era altra soluzione. Forse, un giorno, anche i preti cattolici (*potere*) ____________________ sposarsi.

ESERCIZI

4. Il mitomane

A. Scegli la frase giusta.

1. Peppino
   - ☐ a. ha ucciso il farmacista.
   - ☐ b. ha ucciso il farmacista, la donna anziana e il fioraio.
   - ☐ c. ha ucciso il fioraio.
   - ☐ d. non ha ucciso nessuno.

2. Peppino ha organizzato il suo piano perché
   - ☐ a. la moglie lo tradiva con il fioraio.
   - ☐ b. è un mitomane.
   - ☐ c. vuole scherzare.
   - ☐ d. ha bisogno di soldi.

B. Metti le frasi nell'ordine giusto e ricostruisci il testo.

- ☐ a. – Non è possibile.– dicevano – Una così brava persona...
- ☐ b. Una sera un uomo con una pistola è entrato nella farmacia del paese.
- ☐ c. Ti hanno messo in prigione. I giornali hanno pubblicato la tua foto in prima pagina. In paese la gente non riusciva a crederci.
- ☐ d. Non hai saputo spiegare perché l'hai fatto.

  – L'ho ucciso io. – hai ripetuto – Arrestatemi.
- ☐ e. Ha ucciso il farmacista.
- ☐ f. La mattina dopo tu sei andato dalla polizia e hai detto che sei stato tu.
- ☐ g. Ad uccidere il farmacista era stato un ragazzo che aveva lavorato per alcuni mesi nella farmacia. Nella sua casa la polizia ha trovato la pistola. Tu eri innocente.
- ☐ h. Infatti non era possibile. Non eri tu l'assassino.

C. Scegli l'espressione giusta.

Poi, un giorno, hai letto una notizia sul giornale: in una villa poco fuori dal paese, era morta una donna anziana. Qualcuno **l'/le/lei** aveva uccisa, forse un ladro che era entrato nella villa per rubare. Hai cercato tua moglie. Volevi **parlargli/parlarle/parlarla** di quella donna. Tu e lei **le/la/gli** conoscevate. Ma tua moglie non c'era; spesso, sempre più spesso, lei non era lì quando tu **ne/l'/gliel'**avevi bisogno. Allora sei uscito di casa e hai camminato fino al commissariato di polizia. Hai chiesto di parlare con il commissario.

– Quella donna nella villa,– hai detto – **l'ho ucciso/l'ho uccisa/ne ho uccisa** io.

Il commissario **lo/ti/si** è messo a ridere:

– Non c'è nessun assassino, caro Peppino. Quella donna **si/gli/la** è suicidata. Ha lasciato una lettera che spiega tutto. Adesso basta con gli scherzi, per favore. **Ci siamo stancati/Noi siamo stancati/Ci siamo stancato**.

ESERCIZI 5. Lui e Laura

A. Le frasi sono vere o false? Rispondi con una X.

	V	F
1. Lui conosce già Laura perché l'ha incontrata nei suoi sogni.	☐	☐
2. La storia d'amore tra Lui e Laura finisce dopo poco tempo.	☐	☐

B. Completa il testo con le parole della lista.

profondi	grosse	simpatica
leggere	elegante	contento

Lui sogna molto. I sogni di Lui sono molto belli e per questo Lui è sempre molto ________________ di andare a dormire:
"Chissà cosa sognerò stanotte?" pensa ogni sera prima di addormentarsi.
I sogni di lui sono molto particolari: Lui sogna solo donne.
A volte le donne del suo sogno sono fresche e ________________ come il vento, a volte ________________ ed alte come montagne. (...)
Da qualche tempo, Lui sogna spesso una donna. Si chiama Laura ma Lui, quando pensa a lei, la chiama l'aura.
Laura ha degli occhi ________________ e intelligenti, un viso dolce e fresco, un corpo ________________ e piacevole. Laura, nei sogni di Lui, ride molto, gioca, discute ed è sempre molto ________________.

C. Ora trova il contrario dei seguenti aggettivi, come nell'esempio.

1. bello/**brutto**
2. grosso/__________
3. leggero/__________
4. caldo/__________
5. magro/__________
6. felice/__________
7. piacevole/__________
8. simpatico/__________

ESERCIZI 6. L'uomo più brutto del mondo

A• Le frasi sono vere o false? Rispondi con una X.

	V	F
1. Felice e la ragazza si erano conosciuti all'Unione Ciechi.	☐	☐
2. Prima dell'operazione, la ragazza non sapeva che Felice era molto brutto.	☐	☐
3. Dopo l'operazione, la ragazza aveva lasciato Felice e si era sposata con un altro uomo.	☐	☐
4. Felice era andato all'Unione Ciechi per cercare la ragazza.	☐	☐
5. Dopo il matrimonio, la ragazza aveva capito di amare Felice.	☐	☐

B• Metti le frasi nell'ordine giusto e ricostruisci il dialogo.

☐ a. – Veramente... Veramente io e Lei non ci conosciamo... – aveva detto Felice.

☐ b. – Sì. Sono cieca. Per me non è un problema camminare da sola, però quando devo attraversare la strada ho paura delle macchine. Allora, mi aiuta?

☐ c. – Scusi, signore...

☐ d. – Come?... Cosa?... Attraversare la strada?

☐ e. Ma subito aveva aggiunto: – Mi scusi, signorina, non avevo capito. Certo che l'aiuto! Con molto piacere! Prego, mi dia la mano.

☐ f. – Sì, dico a Lei. Scusi se La disturbo... Mi aiuta ad attraversare la strada, per favore?

☐ g. – Dice... dice a me?

C• Completa le frasi con **sempre, mai, ancora, già, più**.

1. Nella vita di Felice non succedeva ______________ niente di speciale e i giorni erano tutti uguali, lunghi e tristi come una sera d'inverno.
2. "Perché, se uno è brutto, non è ______________ brutto completamente, e ha ______________ almeno qualcosa di bello, per esempio gli occhi, la bocca o le gambe, e nel mio corpo invece è tutto sbagliato e non c'è niente di bello, neanche un capello?"
3. "Resterò ___________ solo, triste e infelice per tutta la vita."
4. Per ogni situazione lui trovava ______________ delle cose interessanti da dire e parlava così bene che lei non aveva ______________ sentito delle parole e dei pensieri tanto belli.
5. La tv aveva detto che tante persone gravemente malate avevano ______________ provato questa nuova tecnica, ed erano tutte miracolosamente guarite.
6. "Quando mi vedrà, non mi vorrà ______________." pensava.
7. Però, adesso, la situazione non era ______________ quella di prima: ora che poteva uscire liberamente ed era una persona come tutte le altre, la ragazza non aveva ______________ bisogno di lui per muoversi. Neanche le sue parole erano ______________ così interessanti per lei.
8. Ogni tanto lui le chiedeva del matrimonio, ma lei gli dava ______________ delle risposte poco chiare.

   – Ci sposeremo. – diceva – Ma non subito, aspettiamo __________ un po'.

9. – Quando ti ho rivisto, una settimana fa, non ero sicuro di amarti ______________. Tu mi hai fatto soffrire molto. Per continuare a vivere ho dovuto dimenticarti. Ma adesso anch'io sono una persona nuova e l'amore non mi fa ______________ paura.

D• Completa il testo con i verbi.

Da quella mattina, Felice e la ragazza cieca avevano cominciato a incontrarsi ogni giorno. Insieme facevano delle lunghe passeggiate per la città. Ogni volta, la ragazza (*chiedere*) ________________ a Felice di raccontarle tutto quello che lei non poteva vedere e allora

lui le parlava dei colori degli alberi, delle case, della gente che (*passare*) ____________________ per le strade; per ogni situazione lui trovava sempre delle cose interessanti da dire e parlava così bene che lei non (*sentire*) _______________ mai ________________ delle parole e dei pensieri tanto belli. Alla fine la ragazza (*innamorarsi*) ____________________ di Felice. E siccome anche lui l'(*amare*) ____________________, avevano deciso di sposarsi.
Ma poi, una sera la tv (*parlare*) ____________________ di una nuova scoperta medica, con la quale era finalmente possibile guarire molte malattie degli occhi. La tv aveva detto che tante persone gravemente malate (*provare*) ____________ già ______________ questa nuova tecnica, ed erano tutte miracolosamente guarite.

– Anch'io voglio provare. – aveva detto la ragazza. – Così quando (*guarire*) ____________________, potremo finalmente sposarci ed essere felici. (*noi/Dovere*) ____________________ spostare la data del nostro matrimonio, ma per te non è un problema, vero?

Felice le aveva risposto che no, non era un problema. Perciò le (*promettere*) ____________________ tutto il suo aiuto e l'aveva accompagnata a parlare con i medici.
Felice era molto contento per la ragazza, tuttavia sentiva che tra loro le cose (*cambiare*) _____________ presto _______________.
"Quando mi vedrà, non mi (*volere*) ____________________ più." pensava.

E. Completa le frasi con le parole della lista.

guarire	guarite	malate	medicazione	ospedale

1. Ma poi, una sera la tv aveva parlato di una nuova scoperta medica, con la quale era finalmente possibile ________________ molte malattie degli occhi.
2. La tv aveva detto che tante persone gravemente ________________ avevano già provato questa nuova tecnica, ed erano tutte miracolosamente ________________.
3. Dopo l'operazione, la ragazza era rimasta alcune settimane in ________________ con gli occhi coperti da una ________________.

ESERCIZI

7. C'eravamo tanto amati

A. Le frasi sono vere o false? Rispondi con una X.

	V	F
1. Paola non riesce a dormire perché è molto nervosa.	☐	☐
2. Mario e Paola non sono più sposati.	☐	☐

B. Metti le frasi nell'ordine giusto e ricostruisci il dialogo.

☐ a. Certo che dormo! Sono le due di notte! Cosa vuoi a quest'ora?
☐ b. Paola?
☐ c. Pronto?... Chi parla?
☐ d. Sì, sono io. Cosa fai? Dormi?
☐ e. Un problema? Che problema?
☐ f. No, niente di tutto questo.
☐ g. Mario... Io... Io non....
☐ h. E allora, perché mi hai chiamato?
☐ i. Si può sapere cosa è successo? Hai avuto un incidente con la macchina? Non ti senti bene?
☐ l. Non riesco a dormire.
☐ m. Ho un problema...
☐ n. Ciao Mario. Sono Paola.

C. Completa il dialogo con le preposizioni.

Mario Cosa...? Mi hai telefonato __________ dirmi questo?
Paola Sì, scusa.... Ti ho svegliato, vero?
Mario Ma sì, te l'ho detto! Stavo dormendo... Dove sei adesso?
Paola __________ Milano, __________ albergo. Sono qui __________ lavoro. Domani ho una riunione importante. Sono molto nervosa, non riesco __________ dormire.
Mario Non hai un sonnifero?
Paola No, lo sai che non prendo mai medicine.

Mario Allora bevi una camomilla!

Paola Non posso. Al bar __________ albergo hanno solo il tè, la camomilla non c'è!

Mario Allora buonanotte!

Paola No, un momento! Io sono tua moglie, non puoi lasciarmi così!

Mario Ma Paola: noi siamo divorziati __________ sei anni! __________ noi tutto è finito. Adesso sono un uomo libero, __________ fortuna...

Paola Cosa vuoi dire? Forse c'è qualcun altro là __________ te? Hai un'altra donna?

Mario Noooooo, sono solo!

Paola Perché gridi? Sei nervoso?

Mario Sì, sono nervoso perché non riesco __________ dormire! È chiaro?

Paola Allora prendi una camomilla!

Mario No, è inutile. Quando sono troppo nervoso non c'è niente __________ fare.

ESERCIZI 8. Angeli

A• Le frasi sono vere o false? Rispondi con una X.

	V	F
1. Prima di incontrarsi sulla Terra, Clea e Toni erano due angeli del Paradiso.	☐	☐
2. Da quando si era innamorata di Toni, Clea aveva cominciato a dipingere in modo diverso.	☐	☐
3. Sulla Terra Clea non ricordava più di essere stata un angelo.	☐	☐
4. Quando Clea aveva incontrato Toni sulla Terra, non si era innamorata subito di lui.	☐	☐
5. Toni era un musicista e suonava al *Ouagadougou*.	☐	☐
6. Sulla Terra Clea e Toni avevano la sensazione di conoscersi già.	☐	☐

B• Completa il testo con le parole della lista.

angeli	angeli	bacio	bocca	braccia	capelli
cieli	cieli	maestri	passioni	sensazione	
sentimento	sentimento	uomini	vita		

– Amore mio, i tuoi occhi sono azzurri come i _______________ del Paradiso.– aveva detto Toni.

Poi lui l'aveva baciata, un vero _______________, caldo e sensuale, e da quel momento la _______________ di Clea era cambiata.
Che le era successo? Cos'era questa _______________ così nuova e strana che di notte non la lasciava dormire? Era forse amore?
Ma l'amore che lei conosceva non era come questo: quello che lei conosceva era un _______________ diverso, senza corpi e senza baci; era l'amore spirituale per gli altri _______________ del Paradiso, l'amore per Dio, il Signore, il Padre. Solo questo conosceva Clea, solo

questo amore le avevano insegnato i suoi _______________, e lei come tutti gli altri _______________ del Paradiso non aveva mai creduto a nient'altro. Certo, anche lei qualche volta aveva sentito raccontare dagli angeli più vecchi storie di strane _______________, ma quelle erano cose che succedevano nel mondo degli _______________ e a Clea non interessavano molto.

Adesso invece questo strano _______________ le apriva una finestra su un mondo nuovo e sconosciuto. Era il desiderio di altri baci, desiderio della _______________ dolce di Toni sulla sua, desiderio dei suoi _______________ neri e della sua pelle scura, delle sue _______________ grandi e delle sue mani forti. Anche questo si chiamava amore?

Clea non lo sapeva. Solo una cosa era sicura: da quando Toni l'aveva baciata, niente era più come prima. Ora Clea passava il tempo a pensare a Toni, lo aspettava, lo desiderava. E quando lui arrivava, bello e forte sulle sue grandi ali bianche, allora anche lei apriva le sue e insieme volavano felici per i _______________ azzurri del Paradiso.

C. Completa il testo con le preposizioni.

La sera dopo Clea e la sua amica erano di nuovo __________ piazza. __________ Roma era primavera e __________ le strade c'era molta gente. Piazza Navona come al solito era uno __________ posti più animati __________ città: c'era un clown che faceva uno spettacolo __________ i turisti vicino __________ fontana __________ Bernini; un uomo vestito __________ nero, davanti __________ chiesa di Sant'Agnese, parlava __________ Dio e __________ fine del mondo; __________ altra parte un vecchio vendeva cornetti caldi __________ cioccolato. Alcuni ragazzi erano seduti intorno __________ Lucia, che cantava e suonava la chitarra. Clea come sempre dipingeva i suoi quadri.

Quella sera, vicino __________ lei, era seduto un ragazzo africano che vendeva collane e bracciali. Era la prima volta che veniva __________ piazza. Era arrivato __________ una grande borsa azzurra e subito le aveva sorriso.

D• Scegli l'espressione giusta.

Adesso che era sulla Terra, Clea non ricordava **mai/più/già** niente della sua vita passata. Il suo amore per Toni, i voli per i cieli azzurri del Paradiso, il processo, la prigione, tutto questo **era stato dimenticato/ stava dimenticato/è stato dimenticato**. L'angelo con **le ali bianchi/ gli ali bianchi/le ali bianche** non c'era più, al suo posto adesso c'era una persona nuova. Ora Clea era una ragazza normale, aveva una famiglia, degli amici, un lavoro. A Roma, dove era nata, abitava in un appartamento di due stanze sopra la casa **di/degli/dei** suoi genitori. La sua vita era tranquilla e andava avanti senza **grandi problemi/grande problema/grandi problema**. Tuttavia, **come/anche se/poiché** non era più quella di prima, qualcosa in lei era rimasto uguale: Clea era **più/ ancora/molto** un'artista. Come l'angelo di un tempo, anche lei sapeva dipingere quadri bellissimi. Dipingere **finalmente/infatti/perché** era il suo lavoro. La sera andava a piazza Navona, nel centro della città, e vendeva i suoi quadri ai turisti. Erano **immagini religiose/immagini religiosi/immagine religiose**, soprattutto di angeli, ma a guardarle bene si capiva che erano molto umane e poco divine. Ognuno di **quell'/ quelli/quegli** angeli aveva qualcosa di molto umano; ognuno di loro esprimeva una passione, un sentimento.

E• Completa il testo con i verbi della lista.

aveva	avevano	bastava	era	era	era
era	erano	erano	pensava	pensava	potevano
significava	stava	voleva			

Dopo il processo, l'avevano riportata nella buia prigione. Qui, sola e disperata, Clea ______________ a Toni. Dov'______________? Che gli avevano fatto? Anche lui ______________ in prigione? Perché non ______________ più sue notizie? Prima, quando ______________ liberi e felici, Clea e Toni non ______________ bisogno di parole per comunicare: come tutti gli altri angeli ______________ scambiarsi messaggi telepatici con il pensiero, e anche quando ______________ lontani ______________ concentrarsi un po' per "sentire" subito se l'altro ______________ bene. Ma adesso, le cose erano cambiate: da

quando ____________ in prigione, Clea aveva provato molte volte a comunicare con Toni, gli aveva mandato continuamente dei messaggi con il pensiero ma non aveva mai ricevuto nessuna risposta. Questo ____________ dire che Toni ____________ morto? Forse sì, ____________ Clea, ma poi, cosa ____________ per un angelo "morire"?

– Significa lasciare il Paradiso e scendere nel mondo degli uomini.– le aveva spiegato Albina, una sua amica angelo che un giorno era andata a trovarla in prigione.

F. Abbiamo tolto dal dialogo le frasi di Toni. Sai ricostruirlo?

frasi di Toni

1. Anche per me è lo stesso.
2. È meraviglioso.
3. Davvero? Anch'io ti stavo cercando...
4. Ciao, finalmente sei arrivata. Credevo di non vederti più. Ma dov'eri?
5. Sì, proprio così.
6. Sì, che strana coincidenza...
7. Anch'io leggo nei tuoi, per me il tuo viso è come un libro aperto.

Toni ____________________________
Clea Ti stavo cercando.
Toni ____________________________
Clea Che strana coincidenza...
Toni ____________________________
Clea È incredibile, io non ti conosco ma mi sembra di averti già incontrato.
Toni ____________________________
Clea Io posso leggere nei tuoi occhi, non ho bisogno di parlare con te per capire cosa pensi.
Toni ____________________________
Clea È incredibile.
Toni ____________________________
Clea E non ti sembra di avere già vissuto tutto questo?
Toni ____________________________

G• Completa il testo con i verbi.

Quella notte Clea non aveva dormito. Aveva pensato tutto il tempo al ragazzo delle collane. Lo (*rivedere*) ____________________? Sarebbe tornato un'altra volta nella piazza?
"Certamente (*tornare*) ____________________." si diceva "Io sono sicura che anche lui mi (*amare*) ____________________, l'ho letto nei suoi occhi, non mi posso sbagliare."
Ma subito dopo cambiava opinione: "No, non (*venire*) ____________________ più. Se la polizia è riuscita a prenderlo, lo (*mettere*) ____________________ su un aereo per rispedirlo nel suo Paese; se invece è riuscito a scappare, non pensa certamente a tornare nella piazza."
In questo caso, dove (*potere*) ____________________ cercarlo? Non (*sapere*) ____________________ niente di lui: né il nome, né l'indirizzo. Ma poi, perché cercarlo? Era logico tutto questo?

H• Completa le frasi con le parole della lista.

ali	bracciale	coincidenza	collana	durato		
fila	giudice	peccato	prigione	processo	svenuto	

1. Il ladro aveva rubato solo una ____________________ ma il ____________________ l'ha condannato a 5 anni di ____________________. Durante tutto il ____________________, l'uomo ha continuato a dire di essere innocente.
2. Gli uccelli possono volare perché hanno le ____________________.
3. Che ____________________! Abbiamo le stesse scarpe!
4. Avevo pensato di regalare a mia moglie un bellissimo ____________________ d'oro, ma quando ho visto il prezzo sono quasi ____________________.
5. Il film è ____________________ un'ora e mezza, ma per entrare abbiamo dovuto fare una ____________________ di quasi un'ora.
6. O Signore, perdona il mio ____________________!

SOLUZIONI ESERCIZI

1. La telefonata

A• V: 1, 2, 4, 6; F:3,5 • B• vivere, dormo, telefono, paura, carattere, ragione, pace, bacio, grave • C• è andata, ha scritto, ho chiesto, chiamerà, mi arrabbiavo, riceveva, dormo, dormendo • D• sogno, uccello, deserti, mari, isola, frutti, isola, casa, finestra, voce • E• 1. e; 2. f, c; 3. a; 4. d; 5. b • F• 1/e, 2/h, 3/d, 4/b, 5/f, 6/a, 7/g, 8/c

2. Dammi la mano

A• V: 1, 3, 6; F: 2, 4, 5 • B• in, di, di, di, con, della (sulla), dei, in, tra (fra), alla, dai, tra (fra), per, con, sul • C• 2, 4, 1, 5, 3 • D• Perché, finalmente, come, però, così, mentre • E• 1. occhi, testa; 2. occhi; 3. voce; 4. cuore; 5. capelli; 6. braccio; 7. mani; 8. viso, mano; 9. spalle, sorriso

3. Amore impossibile

A• 1. c; 2. b; 3. c • B• 1. me, si, mi, mi, me, le, ti, ti, le, ti; 2. Te l', me lo, te, la mi, mi, mi • C• 1. amerò; 2. camminavamo, avevo *mai* vista; 3. ho avuto, aveva cambiato, ho ricevuto, si era sposata, aveva avuto, aveva dato; 4. è andato, potranno

4. Il mitomane

A• 1. c; 2. a • B• 1/b, 2/e, 3/f, 4/d, 5/c, 6/a, 7/h, 8/g • C• l', parlarle, la, ne, l'ho uccisa, si, si, Ci siamo stancati

5. Lui e Laura

A• V: 1; F: 2 • B• contento, leggere, grosse, profondi, elegante, simpatica • C• 2. piccolo; 3. pesante; 4. freddo; 5. grasso; 6. infelice; 7. piacevole; 8. antipatico

6. L'uomo più brutto del mondo

A• V: 2, 3, 5; F: 1, 4 • B• 1/c, 2/g, 3/f, 4/d, 5/b, 6/a, 7/e • C• 1. mai; 2. mai, sempre; 3. sempre; 4. sempre, mai; 5. già; 6. più; 7. più, più, più; 8. sempre, ancora; 9. ancora, più • D• chiedeva, passava, aveva *mai* sentito, si era innamorata, amava, aveva parlato, avevano *già* provato, sarò guarita, Dovremo, aveva promesso, sarebbero *presto* cambiate, vorrà • E• 1. guarire; 2. malate, guarite; 3. ospedale, medicazione

7. C'eravamo tanto amati

A• V: 1, 2 • B• 1/c, 2/n, 3/b, 4/d, 5/a, 6/m, 7/e, 8/g, 9/i, 10/f, 11/h, 12/l • C• per, A, in, per, a, dell', da, Tra (Fra), per, con, a, da

8. Angeli

A• V: 1, 2, 3, 6; F: 4, 5 • B• cieli, bacio, vita, sensazione, sentimento, angeli, maestri, angeli, passioni, uomini, sentimento, bocca, capelli, braccia, cieli • C• nella (in), A, per, dei, della, per, alla, del (di), di, (in), alla, di, della dall', al, a, a, nella (in), con • D• più, era stato dimenticato, le ali bianche, dei, grandi problemi, anche se, ancora, infatti, immagini religiose, quegli • E• pensava, era, era, aveva, erano, avevano, potevano, erano, stava, era, voleva, era, pensava, significava • F• 4, 3, 6, 1, 7, 2, 5 • G • avrebbe rivisto, tornerà, ama, verrà, avrà messo, avrebbe potuto, sapeva • H • 1. collana, giudice, prigione, processo; 2. ali; 3. coincidenza; 4. bracciale, svenuto; 5. durato, fila; 6. peccato